死刑映画 乱反射

京都にんじんの会 編

〈死刑〉とは何か——？

死刑について考えるとは、
命について、社会について、国家について考えること——

死刑映画週間 Ⅱ

2014年10月11日（土）〜10月17日（金）
京都シネマ

11日（土）『休暇』（門井肇、2007）×高山佳奈子（比較刑事法）・永田憲史（刑法学、刑事政策）
12日（日）『軍旗はためく下に』（深作欣二、1972）×太田昌国（民族問題研究者）
13日（月）『執行者』（チェ・ジンホ、2009）×堀和幸（弁護士）
14日（火）『再生の朝に』（リウ・ジエ、2009）×石原燃（劇作家）・中村一成（ジャーナリスト）
15日（水）『執行者』×張恵英（社会学）
16日（木）『休暇』×金尚均（刑事法）
17日（金）『A』（森達也、1998）×森達也（作家、映画監督）

インパクト出版会

目次

まえがき

「戦争」を放棄した憲法九条を持ちながら、日本には、戦争と同じ国家による殺人「死刑」がある。つまりこの国の大多数は、「国家には人を殺す権利がある」「殺されてもいい人間が存在する」との発想を自明視、あるいは看過してきた。それは、選りによって敗戦七〇年の節目に、「世界最悪のテロ国家」（N・チョムスキー）の人殺しに付き従う法案が「成立」した事態にも通じる。戦争放棄と死刑が共存する矛盾を「最悪の形」で「解消」しつつある日本の現実は、「平和」を唱えつつ「死刑」を許してきた欺瞞の必然だった。いや、「平和」や「人権」概念の空疎さが露呈した、思想的敗北といっていいだろう。逆に言えばまさに「死刑」こそが国家殺人の「権利」を担保する装置として機能してきたのだ。

だからこそ「死刑」を考え、命や社会、国家に対する思想を鍛えたい。私たち「京都にんじんの会」が「死刑映画週間」を企画した初期の、そして今も変わらぬ動機の一つはここにある。死刑を題材にした、又は直接描かなくても死刑を考える契機となる映画を上映し、ゲストのトークとセットで「問い」を深める。不特定多数が同じ空間で映画を観て話を聴き、芸術作品が与えてくれる「問い」――「答え」ではない――を深める。下劣で下品な輩がやりたい放題を重ねる時代における、これは一つの思想的抵抗である。

さて、本書は二〇一四年一〇月一一日から一七日までの一週間、京都シネマを会場に開催した「死刑映画週間II」のアフタートークを中心にした記録である。これは二〇一二年四月、やはり京都シネマで催した企画の第二弾である（その模様は、京都にんじんの会編『銀幕のなかの死刑』としてインパクト出版会から二〇一三年に刊行）。前回は「努力目標」だった四〇〇人を大幅に上回る五三五人の来場者を記録、様々な内容が記されてきたアンケートも含めて、私たちも運動としての確かな手応えを感じた。来場者からは毎年の開催を求める嬉しい声もいただいたが、小さな団体ゆえ、人的・財政的な制約もある。二年後の開催に向けて、会場の決定、作品、トークゲストの選定などを進めてきた。

テーマは前回に続き、「〈死刑〉とは何か――？　死刑について考えるとは、命について、社会について、国家について考えること」。映画という虚構を通してリアルを認識し、困難な問題について来場者とともに考え抜く。この願いは前回と変わらなかった。

今回、選んだのは『休暇』（門井肇、二〇〇七年）、『軍旗はためく下に』（深作欣二、一九七二年）、『執行者』（チェ・ジンホ、二〇〇九年）、『再生の朝に』（リウ・ジエ、二〇〇九年）、『A』（森達也、一九九八年）の五本。選定作品の基準にしたのは第一に「死刑執行を具体的に描いた作品であること」だった。それは日本の死刑執行を巡る状況がある。日本の死刑執行は極めて秘密裡に行われているので、「作り物」でしか実相にアプローチできない。第二に「東アジアを舞台にした作品」にこだわった。世界地図を死刑の存廃で色分ければ、アジアは中東と並ぶ異様な存置エリアだ。侵略者日本を追い出し、数々の「改革」がなされてきたはずの中国で桁外れの執行が続いてきたのはなぜか？　東西対立の最前線として、夥しい「思想犯」を処刑してきた韓国は如何にして「事実上の廃止国」となったのか。そしてこの日本が死刑に固執するのは何故なのか――。一口に東アジアといっても死刑をめぐる歴史的文脈や現状はかなり異なっている。日本だけの常識では測れない。

そしてもう一つ、選択を左右した要素は、戦争へと突き進む日本社会の流れだった。戦争の実相、国家の責任を正面から問うた『軍旗はためく下に』と、日本での「ショック・ドクトリン」の嚆矢といえる一連のオウム事件を契機に、「怪物」「敵」「嘲笑」の対象とされた者たちの側から社会の劣化を見つめた『A』を選んだ理由は、現状への危機感である。

さて、今回も多彩な方々にアフタートークを引き受けていただいた。刑法学者である高山佳奈子さん、永田憲史さん、金尚均さんの三人は、積み上げてきた知見を基に死刑を解説、死刑を考えるいくつもの切り口を提供してくださった。民族問題研究者の太田昌国さんは、戦争責任、戦後責任の問題などを一本の映画を帰着点として縦横に展開してくださった。担当した死刑事件を振り返り、死刑囚当事者と関わっていくことの難しさを吐露したのは堀和幸さんである。劇作家であり、当時、死刑制度に真正面から向き合った作品の上演を控えてきた石原燃さんは、「命を奪う刑」に抗う論理を語ってくださった。トークゲストの中で唯一の映画研究者である張恵英さんは、軍政から民主化という韓国のダイナミックな社会的変化を踏まえつつ、映画作品としての見所、ポイントを分かり易く解説してくださった。森達也さんには、自作について解説していただいた。そのときは映画の主人公、荒木浩さんも来場して、サプライズゲストとして登壇してくださった。ここであらためてゲストのみなさまに謝意を表したい。

国であれば、合法的に人を殺す権限を持つことが許されるのか?「命をもって償う」ということはありえるのか? そもそも罪を償うとは何か? 人間を、やがてここに戻ってくる、私たちがともに生きる主体として見ないような社会の在りようを「社会」と呼べるのか……。自公極右カルト政権の専横は今、こうしてキーを叩く間も続いている。死刑を通じ、上記の問題について考え抜き、私、私たちの「思想」を鍛える必要性は日を追うごとに増している。本書がその一助となれば幸いに思う。

他にも上映したい作品はあったのだが、上映権の在り処が不明で断念せざるを得なかった作品も少なくない。またレンタルやセルDVDで視聴不可能な作品は、基本的に上映候補作品のエントリー外とした(東アジアを一つの選定基準にしたのに、残念ながら朝鮮民主主義人民共和国と中華民国の作品が入っていないのはそれらの制約がある)。映画作品それ自体を未見の方はぜひ、鑑賞した上で、本書を読んでいただければ、より理解が深まると思う。最後に上映に応じて下さった各社のみなさま、会場を貸してくださった京都シネマのみなさまに謝意を表して、前書きとしたい。(中村一成)

関東の拘置所で死刑囚、金田（西島秀俊）の執行が命じられる。
重い空気が立ち込めるなか、平井透（小林薫）が、
最も過酷な「支え役」を志願する。
誰もが嫌がる役割を平井が希望したのは何故か？
元刑務官の助言を得て、
日々顔を合わせる人間の殺害を実行する刑務官の苦悩や、
ただ殺すために生かされる死刑囚の日常が描かれている。

監督＝門井肇
原作＝吉村昭
脚本＝佐向大
出演＝小林薫、西島秀俊、大塚寧々

休暇

2007年／日本／115分

高山佳奈子

「休暇」から日本の死刑制度を視る

2014年10月11日　京都シネマにて

はじめに

映画『休暇』（二〇〇八）は死刑執行がテーマです。これは永田憲史先生のご専門分野ですので、永田先生に詳しく解説していただくことにして、私は国際学会での自分の活動経験をふまえた感想を述べさせていただきたいと思います。

この映画に出演された小林薫さん（一九五一〜）、西島秀俊さん（一九七一〜）は、私の若い頃、「ふぞろいの林檎たち」（一九八三〜）、「あすなろ白書」（一九九三）といった、八〇〜九〇年代のテレビのいわゆる「トレンディドラマ」で人気のあった俳優さんです。大塚寧々さん（一九六八〜）も私と同い年で、ドラマ「スキャンダル」（一九九三）で大杉漣さん（一九五一〜）と共演しています。本作はその頃から一五年もたっていますので、若手だった俳優さんたちも、アイドル的だった時代とは異なる本格的な演技を見せてくださっているのだと思います――。

拘置所の生活

本作は、死刑について考えるきっかけを与えてくれる映画ですが、刑務所での生活や、刑務官という仕事がどのようなものであるかについての情報も提供していると思います。刑務所で働く刑務官は、公務員ですが、その生活は一般にはあまり知られていないのではないでしょうか。私も、国内外の刑務所の見学に行くことがときどきありますが、勤務中の姿しか見ることができません。

この映画で撮影に協力してくださったのは、甲府刑務所です。もちろん、実際に刑務所の中で撮影が行われたわけではなく、建物の外観などが使われたようですが、ロケーションにあたっては刑務所長さんがだいぶ尽力なさったのではないでしょうか。私も甲府刑務所を見学したことがありますが、実際には、死刑を執行する設備（「刑場」）はありません（札幌刑務所、宮城刑務所、東京拘置所、名古屋拘置所、大阪拘置所、広島拘置所、福岡拘置所にのみあります）。甲府刑務所は、犯罪傾向の進んだ（「B級」と呼ばれます）受刑者を収容する施設になっています。

髙山佳奈子（たかやま かなこ）1968年東京生まれ。東京大学法学部卒、成城大学専任講師、ケルン大学客員研究員などを経て、2002年京都大学助教授、2005年同教授。国際刑法学会事務総長補佐、国際社会防衛学会アジア担当理事、死刑廃止国際学識者ネットワーク日本連絡員。著書に『故意と違法性の意識』（1999、有斐閣）、Death Penalty: A Cruel and Inhuman Punishment（共著、2014、Tirant）など。

一般にはなかなかわかりにくいことですが、懲役に服している受刑者の生活と、死刑囚の生活とでは、かなり違いがあります。刑務所の見学で接することのできるのは、懲役の受刑者であることがほとんどです。刑務作業と呼ばれる刑務所内での昼間の仕事の様子や、朝晩を過ごす居室、受刑者の服装、時間の使い方などを紹介してもらえます。

これと違って、死刑囚は働く義務が課されていませんので、ただ執行を待つだけの生活ということになります。その実体は私もよく存じません。現在、死刑判決を受けて拘置所にいる死刑囚の数は百数十名に上っているといわれます。この中の多くの人たちは、再審などの申立てを行っているので、一般には、死刑判決が確定してから死刑が執行されるまでは数年以上かかっています。

最近の事件で、死刑執行までの期間がいちばん短かったのは、大阪教育大学附属池田小学校事件の宅間守死刑囚の例です。二〇〇一年六月に、小学校で八人の児童を殺害し、さらに多くの児童と先生にけがを負わせたことで、二〇〇三年八月二八日に死刑判決が下されました。弁護団はこれに対して控訴したのですが、被告人は早く処刑してもらいたいということで、自分でこの控訴を取り下げました。その結果、翌二〇〇四年九月一四日に死刑が執行されたとされているので、判決後約一年後の執行ということになります。なお、法務省の最近の報告書によると、無差別殺傷事件の犯人のうち、自殺や死刑への願望を動機として犯行に出た者が一定割合を占めているとされています（法務総合研究所研究部報告50『無差別殺傷事犯に関する研究』二〇一三年、一三七頁以下、http://www.moj.go.jp/housouken/housouken03_00068.html）。

最近の冤罪事件

死刑囚として長い年月を過ごした人の中には、冤罪であった人もいます。二〇一四年三月に、「袴田事件」の死刑囚であった袴田巖さんが釈放されました。この事件は一九六六年に起きた殺人事件で、袴田さんは誤った血液鑑定などにより死刑判決を受けていました。実に四七年間も身柄を拘束されていたのです。死刑冤罪事件はこのほかにも、いくつもありました。最近では、死刑事件でなくても、「足利事件」の菅家利和さんは一七年半、「東電ＯＬ殺人事件」のゴビンダ・マイナリさんは一五年の身柄拘束を殺人罪による無期懲役として受けた後、釈放されています。一九九〇年代でも、誤ったＤＮＡ鑑定によって、無実の人が犯人とされてしまったのです。特に、足利事件は、四歳の女の子に対する誘拐殺人事件ですから、今でしたら死刑判決が出ていたかもしれません。本当に恐ろしいことです。

再審を求めて訴えを起こす人が死刑囚の中に数多くいるのは冤罪の存在を懸念させますが、訴えを起こせば必ず死刑が執行されなくなるとは限りません。現在の日本では、死刑判決の確定から死刑執行までの間が一般的には長期におよび、かつ、死刑囚はいつ死刑が執行されるかがわからないという日々を送っています。これは、映画の中でも描かれていました。このような執行方法は「残虐な刑罰」に該当するとして、国連や「アムネスティインターナショナル」等の国際機関・組織は批判しています（たとえば、二〇〇八年の国連規約人権委員会第六回政府報告書審査 http://www.mofa.go.jp/mofaj/gaiko/kiyaku/pdfs/jiyu_kenkai.pdf　アムネスティ・インターナショナル『今日が最期の日？』日本の死刑」http://homepage2.nifty.com/shihai/shiryou/JapanDPReport2006.pdf）。

執行を待つ

現在の日本の死刑の運用では、死刑囚は執行の直前にそのことを知らされ、その後で家族に面会することもできません。実は、中国では薬物取引などで日本人が死刑になる事例が何件かあったのですが、中国は特例措置として、処刑前に、死刑囚に家族を面会させてくれたとされます。日本で日本人に認められていない措置を、中国が特例として認めるということは注目すべき事態ですが、おそらく、日本では無期懲役にしかならない罪であることにも配慮がなされているのではないかと思われます。

絞首刑という死刑の執行方法が、憲法三六条の禁止する「残虐な刑罰」にあたらないかは、この映画でも中心的なテーマになっていますが、これについては永田先生から詳しくお話しいただきたいと思います。「残虐な刑罰」は、世界人権宣言五条でも、国際人権規約七条でも禁止されているのです。私からは、死刑囚が死刑執行時期を知らされないまま長期間を拘置所の中ですごさなければならないことについて、諸外国から大きな批判のあることを指摘しておきたいと思います。刑事訴訟法四七五条一項は、死刑の執行は法務大臣の命令によることとしていますので、死刑を執行するかどうかは、よく知られていますように、法務大臣による裁量に大きく左右されます。このことが、死刑囚に不安と無用の苦痛を与えているという指摘もあります。

国連は、日本に対して、死刑の執行をすべてストップするよう勧告しています。実際、死刑の執行数は、年間ひと桁台しかありません（一年に一五人を執行した二〇〇八年を除き、一九七七年から現在まで）。死刑を執行しない「モラトリアム」はすぐにでも可能であるように見えます。日本の刑務所人口は毎年三〇〇〇人近くも減っていますので、死刑囚の収容施設に場所がないという問題もありません。ちなみに、お隣の韓国は、一九九七年以来、死刑の執行を止めることができていて、一〇年以上死刑執行のない「事実上の廃止国」に数えられています。

死刑廃止の世界的潮流

このように、全世界的に見ると、死刑廃止への動きがここ数十年で急速に広まっています。アジア諸国の中でも、たとえばカンボジアは一九八九年に死刑を廃止しましたし、これにネパール、ブータン、フィリピンも続いています（その後モンゴルが廃止）。香港も廃止しています。ミャンマー、ラオスは事実上の廃止国となっています。イスラム教徒の多い中央アジアのキルギスタン、カザフスタン、ウズベキスタンといった国々でも二〇〇七年から二〇〇八年にかけて死刑が廃止されました。同じくイスラム教徒の多い南アジアのブルネイ、モルディブは事実上の廃止国です。

死刑は廃止できるという実証的な知見と理念を持った各国の研究者らが集まって、二〇〇九年に「死刑廃止国際学識者ネットワーク（http://www.academicsforabolition.net/）」が結成されて、国際学術シンポジウムの開催や出版に取り組んでいます。私もその日本連絡員になっています。今日は、このグループが作った絵はがきを持って来ましたので、参加者のみなさんに差し上げたいと思います。死刑をテーマにした絵が描かれているものです。二〇一四年九月にリオデジャネイロで開催された第一九回国際刑法会議では、死刑をテーマにしたラウンドテーブルが開催されて、ヨーロッパ、北米、南米そしてアジアの法学者や法律実務家たちが、死刑廃止に向けた研究成果や取組みを発表しました。

知っておられる方も多いと思いますが、EUは死刑を禁止していて、日本に対し、繰り返し死刑の執行を停止するよう公式にはたらきかけています（たとえば、駐日欧州連合代表部「日本の死刑執行を受けたEU報道官の声明」http://www.euinjapan.jp/resources/20151218/094931/）。また、四七の加盟国を数える欧州評議会（Council of Europe）も死刑廃止を求めていて、死刑存置国であるベラルーシだけが、ヨーロッパでただ一国、参加資格を認められていません。また、死刑執行数の多いアメリカでも実は、死刑廃止州がどんどん増えているのです（二〇一五年末までに一九州）。そして、あまり知られていないと思いますが、中南米でも死刑は全廃されています。すべての国が、少なくとも、事実上の廃止国となっているのです。そして、法律上も死刑を完全に廃止するための地域的な努力が重ねられています。

ぜひ広く知っていただきたいこととして、現在実際に死刑を執行している国は、全世界で約二〇か国しかないという事実があります。日本は、アメリカ、中国、北朝鮮、サウジアラビア、パキスタン、イランなどと共に、毎年死刑を執行している国です。ヨーロッパではこの事実はほとんど知られていなくて、言うと非常に驚かれます。「日本はそんなに野蛮な国なの」と思われるからです。そこで、絞首刑を執行していると言うと、さらにびっくりされます。

絞首刑と裁判員制度

絞首刑がどのようなものなのかについて、日本弁護士連合会（日弁連）が、「絞首刑を考える」という動画を制作しました（http://www.osakaben.or.jp/02-introduce/movie/hang_dat/index.php）。英語版もあります。ここでは、オーストリアの法医学者ラブル博士の科学的な研究が詳しく紹介されていますので、お時間があればぜひウェブサイトからご覧になってください。現在の日本の刑場の様子は、写真や、「休暇」の映画で紹介される程度で、一般の人にはなかなかイメージしにくいのではないでしょうか。死刑事件は、必ず裁判員裁判を経なければならないことになっています。絞首刑がどのようなものなのかについて、十分な情報を提供しないでおいて、市民に死刑の判断をさせることには問題があるのではないでしょうか。裁判員裁判を実施している裁判官たちに聞きますと、裁判員に選ばれた方々は、この被告人が実際にどのような刑を受けることになるのかについて、職業裁判官よりも高い関心を持っていることが多い、といいます。裁判員経験者のグループから法務大臣に、死刑の執行停止を求める要望書も提出されるに至っています。

映画「休暇」では、経験を積んだ刑務官にとっても、実際の死刑執行に立ち会うことは非常な精神的負担であることが表されています。裁判員となった人は、現場には立ち会いませんが、そのような方法で死刑が執行されるということを考えれば、やはり極めて重い負担を背負うといわざるを得ないでしょう。私は韓国のソウルに参りましたときに、西大門《ソデムン》刑務所歴史館という博物館を見学しました。そこには、日本植民地時代の一九二三年に造られた刑場をほぼそのままの形で展示している場所があります。私は法学の教授なので、裁判員に選ばれる可能性がありませんが、この刑場を見て、裁判員に選ばれない立場は何と気楽なことだろう、と改めて思いました。

今のままの死刑制度が日本のためになるのかどうか、さまざまな科学的知見を集めて公表した上で、検討しなければならない時期に来ているでしょう。

「休暇」

死刑の基準と絞首刑

存廃を論じる前に、まずは実態を知ろう

永田憲史

2014年10月11日　京都シネマにて

みなさん、こんにちは。先ほど御紹介にあずかりました、関西大学法学部の永田憲史と申します。

本日は、大学院時代に指導を受けておりました髙山佳奈子先生と御一緒させていただくので、大変恐縮しております。よろしくお願いいいたします。

私の専門は、「刑事学」あるいは「刑事政策」と言いまして、犯罪や犯罪者がどのようなもので、刑罰などを使ってどのように対処していくのかを探究していく学問です。その中でも、私は、罰金刑や、今日のテーマである死刑を主に研究しています。今日は、死刑の基準や、絞首刑という執行の方法についてお話しします。

死刑の基準

まず、死刑の基準という観点からお話ししたいと思います。今日の映画の中で、死刑が執行された彼がなぜ死刑になるのかという情報が示されていました。拘置所の職員が持っていた記録が一瞬だけ映っていました。それによれば、彼は、高齢の夫婦に対する強盗殺人という凶悪な犯罪を犯してしまったために、死刑判決が言渡されて確定し、拘置所に収容されていたようです。映画の終盤では、被害者と思しき高齢の夫婦の映像が流れるシーンがありました。彼が犯したのは、

被害者が二名の事件ということになります。では、どのような場合に、死刑判決が言渡されるのでしょうか。

死刑判決を言渡す基準とされているのは、昭和五八年（一九八三年）に最高裁判所によって言渡された永山事件の判決において述べられた基準です。永山事件と呼ばれているのは、永山則夫という犯人の名前にちなんでいます。彼は、犯行当時一九歳の少年で、米軍基地から盗み出した拳銃を使って、四名の人を相次いで殺害し、一名に重傷を負わせたのです。犯行当時一九歳の少年ですから、少年法によって実名を報道することは禁止されています。ただ、彼は本名で本をたくさん書いていますので、「永山事件」と一般的に呼ばれています。

永山事件の判決において、最高裁判所は、次のように述べています。「死刑制度を存置する現行法制の下では、犯行の罪質、動機、態様ことに殺害の手段方法の執拗性・残虐性、結果の重大性ことに殺害された被害者の数、遺族の被害感情、社会的影響、犯人の年齢、前科、犯行後の情状等各般の情状を併せ考察したとき、その罪責が誠に重大であつて、罪刑の均衡の見地からも一般予防の見地からも極刑がやむをえないと認められる場合には、死刑の選択も許されるものといわなければならない」。この基準は、一般に「永山基準」と呼ばれています。日本では、死刑の基準が法律で定められているわけではないので、この基準が重要な意義を持ってくることになります。

しかし、この基準は、何度読んでも「いろいろなことを考慮しよう」というふうにしか読めません。一見すると基準としては不明確なのです。

そこで、裁判所が考える死刑の基準を読み解くためにどうするかというと、死刑判決を全て読むわけです。平成二五年（二〇一三年）末までに、一七七件の死刑判決が最高裁判所で確定しています。これらの判決文を全て読んで、どのような場合に死刑判決が言渡されているのか、分析をしていくわけです。一七七件と言いますが、第一審の地方裁判所、控訴審の高等裁判所の判決が入手できればそれらも読む必要がありますから、五〇〇件ほどの判決に目を通さなければなりませ

永田憲史（ながたけんじ）
1976年生まれ。関西大学法学部教授。刑事学・刑事政策、特に死刑と罰金刑を専門とする。『死刑選択基準の研究』（関西大学出版部、2010）、『ＧＨＱ文書が語る日本の死刑執行』（現代人文社、2013）、『財産的刑事制裁の研究』（関西大学出版部、2013）のほか、一般向けに『わかりやすい刑罰のはなし』（関西大学出版部、2012）の著書がある。

ん。実は、死刑の基準を分析している研究者はほとんどいません。これは、正直言って大変な作業だから、もっと率直に言うと、面倒くさいからではないかと思っています（苦笑）。

ここで、会場のみなさんに尋ねてみたいと思います。平成二五年（二〇一三年）末までに、最高裁判所で確定した一七七件の死刑判決を殺害された被害者の数別に分けると、最も多いのは被害者の数が何名の事件でしょうか。五択にしますので、手を挙げてみてください。①一名、②二名、③三名、④四名、⑤八名の中から選んでみてください。

では、①一名だと思う方（手が挙がる）。②二名だと思う方（手が挙がる）。③三名だと思う方（手が挙がる）。④四名だと思う方（手が挙がる）。⑤八名だと思う方（手が挙がる）。

答えは、②二名です。一七七件のうち、八六件は殺害された被害者の数が二名の事件なのです。ちなみに、被害者の数と判決の数を順に紹介すると、被害者二六名が一件、二五名が一件、二〇名が一件、一九名が二件、一六名が一件、一四名が一件、一二名が二件、一〇名が一件、八名が二件、六名が二件、五名が七件、四名が二一件、三名が二八件、二名が八六件、一名が二一件となっています。

つまり、最高裁判所で最近三〇年間に確定した死刑判決のうち、約半分は被害者が二名の事件ということになります。被害者が二名の事件と一名の事件で全体の約六割を占めています。

しかし、被害者二名の事件であれば、必ず死刑になっているわけではありません。死刑判決が言渡されるためには、相当悪質だと言える事情が必要とされます。例えば、殺害の綿密な計画性があったり、共犯者がいる事件では主犯格であったりすると、相当悪質だとされる傾向にあります。

映画の中では触れられていませんでしたが、死刑が執行された彼は、何らかの相当悪質な事情があると裁判所に判断されたに違いありません。具体的には、被害者である高齢の夫婦宅の下見をしたり、凶器を準備したり、逃走経路を確保したりしたのかもしれません。あるいは、共犯者がいて、その共犯者を犯罪に誘い込み、そして、犯行の計画を立てて共犯者を指揮して凶行に及んだのかもしれません。

私は、死刑の基準について、『死刑選択基準の研究』（関西大学出版部、二〇一〇）という専門書を書いています。一般の方向けには、『わかりやすい刑罰のはなし――死刑・懲役・罰金』（関西大学出版部、二〇一二）という本も書いていますので、ぜひご一読ください。この後、『わかりやすい刑罰のはなし――死刑・懲役・罰金』を会場で一冊プレゼントをする企画を準備しています。

絞首刑

次に、絞首刑という執行方法の観点からお話ししたいと思います。映画の中では、絞首台の踏み板が開いて、男性が絞首され、医師が死亡を確認しているシーンがありました。映画では、絞首されてすぐに医師が死亡を確認していましたが、実際にはどれくらい後で死亡を確認しているのでしょうか。

日本の場合、絞首刑の段取りのほとんどは法律で決まっていません。命令や規則にもほとんど書かれていません。ですから、絞首刑がどのような手順で執行されているのか、ほとんど分かりません。法律で決まっているのは、死亡を確認してから五分後に縄を解いて遺体を下ろすということだけなのです。

法務省に死刑執行に関する書類について、法律に則って公開するよう請求すると、重要な書類は非開示や一部非開示とされます。要するに、見せてもらえないということです。「一部」と言っていますが、一ページのほぼ全てが黒塗りであることも少なくありません。ですから、情報公開請求をしても、死刑の執行がどのように行われているのかはよく分からないままなのです。

こうした中で、先般、私は、昭和二二年（一九四七年）～昭和二六年（一九五一年）に現在の法務省に当たる機関が作成した死刑執行始末書という書類を発見しました。現在でもそうですが、当時も、死刑の執行をすると、執行した刑務所や拘置所の所長が現在の法務省にあたる機関に死刑の執行について報告書を提出していました。日本はまだ占領下にありましたので、この書類は、英語に翻訳されて、ＧＨＱあるいはＧＨＱ／ＳＣＡＰと呼ばれている連合国最高司令官総司令部に送られていたわけです。この文書を含む記録は、膨大な量があって、原本はアメリカに保管されています。この原本をマイクロフィッシュで複写して、東京にある国立国会図書館が収蔵しています。マイクロフィッシュというのは、マイクロフィルムが大型になったもので、縦一〇㎝、横一五㎝ほどのシートに一〇〇コマほど記録できるようになっているものです。占領期のマイクロフィッシュの資料はあまり整理がされていないのですが、たまたま国立国会図書館から取

り寄せたものの中に、現在の法務省が英訳してGHQに提出した死刑執行始末書が含まれていました。この資料のうち最初に発見した四六件分については、『GHQ文書が語る日本の死刑執行――公文書から迫る絞首刑の実態』（現代人文社、二〇一三）として本にまとめています。また、後に発見した五六件分については、「死刑執行始末書五六件の紹介――一九四七年七月―一九四九年一二月」と題して、関西大学法学論集六三巻六号に掲載しています。

私は、この時期の死刑執行始末書をこれまでに一〇二件を発見しました。一〇二件のうち、死刑執行が開始した時刻と終了した時刻の両方が記載されているものが七九件ありました。それによると、平均は一四分三六秒で、最短は一〇分四五秒、最長は二二分〇〇秒でした（図1）。縄が解かれるのは、その五分後ですので、平均して一九分ほど、最短でも一五分あまり、最長では二七分も吊られているということになります。映画ではそんな長い時間吊るしているシーンを続けられませんので、すぐに死亡を確認するシーンになっているのでしょう。

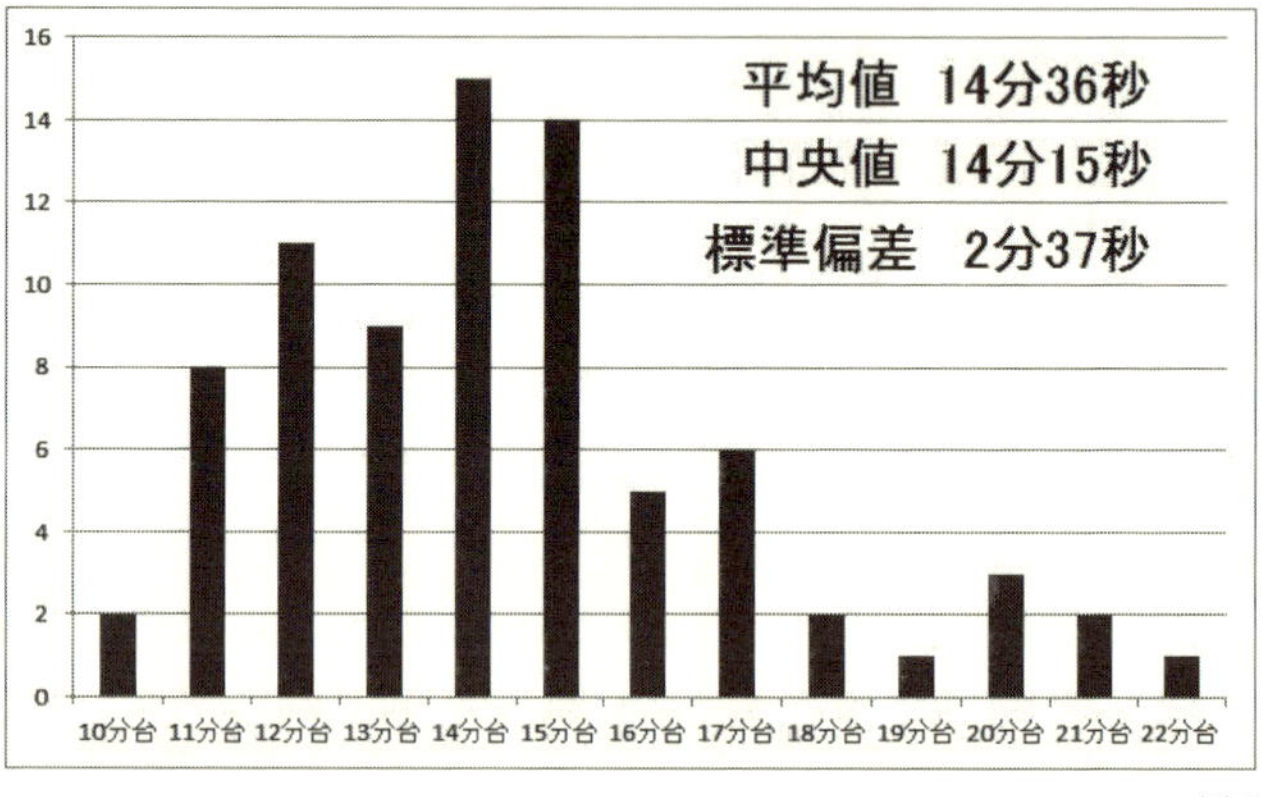

図1

このように、絞首刑は一般に時間がかかるものです。では、絞首刑は残虐なのでしょうか。日本国憲法は残虐な刑罰を禁止しています。しかし、もし、首を絞められてすぐに意識がなくなるのであれば、残虐ではないと考えることもできそうです。かつて、古畑種基という有名な法医学者は、ある事件の裁判で鑑定書を提出して、そのように主張しました。昭和二七年（一九五二年）、今から六〇年以上前のことです。

最近、古畑博士の鑑定は、間違っていたことが分かりました。オーストリアの法医学者であるラブル博士の研究によると、絞首刑の場合の死に方は、五つのパターンが考えられるそうです。そして、どのパターンになるかは選ぶことができないと言います。意識があって苦痛を感じる時間がいちばん短い場合であっても、意識が八秒間~九秒間ほど続いて苦痛を感じるということが分かりました。より長く苦痛を感じることもあるし、最もひどい場合には縄のかかった首の部分が切れてしまい、頭部が切り離されてしまうことがあると言うのです。これらのことについては、中川智正弁護団ほか編著『絞首刑は残虐な刑罰ではないのか?——新聞と法医学が語る真実』(現代人文社、二〇一一)に詳しく書かれています。平成二三年には、大阪地方裁判所で行われた裁判員裁判でラブル博士の証言に沿って、死刑を執行された人が苦痛を感じることが認定されています。

ところで、「苦しい思いをするのも、痛い思いをするのも、凶悪な犯罪を犯したからだ、仕方がない」と考える方もおられると思います。実は、私も長らくそのように感じてきました。ただ、よくよく考えてみると、国は殺人をしてはいけないと法律で決めながら、殺人犯を死刑にして殺しているわけです。その意味で、死刑は必要悪ですが、国が行う以上、乱暴に野放図にやるのは適切ではないでしょう。死刑を荒っぽくやってしまえば、死刑を行う根拠や正統性/正当性が揺らいでしまうからです。死刑を続けていくためには、死刑の執行ができる限り残虐でないように、執行される人が感じる苦痛を極力小さくする必要があります。

御存じのように、アメリカでは、絞首刑に代わって電気椅子が登場して主流になりました。さらにその後、電気椅子に代わって薬物殺が登場して、今日では薬物殺が主流になっています(図2)。この間ずっと、どの方法がより適切か、激しい議論が続けられてきました。

日本では、死刑の執行方法に関する議論がほとんどされてきませんでした。日本でも、死刑を存置するのであれば、絞首刑が最善の方法であるのか、しっかりと議論をする必要があります。

被害者に対する国家補償

最後に、被害者に対する国家補償についてお話ししたいと思います。日本は、世界の中でも非常に治安のよい国です。そのため、治安が悪くてたくさんの人が被害にあっている国に比べると、一人一人の被害者に対して手厚い支援ができるはずです。

ところが、日本の場合、被害者に対する国家補償は長らく低い額に抑えられてきました。最近になってようやく労災補

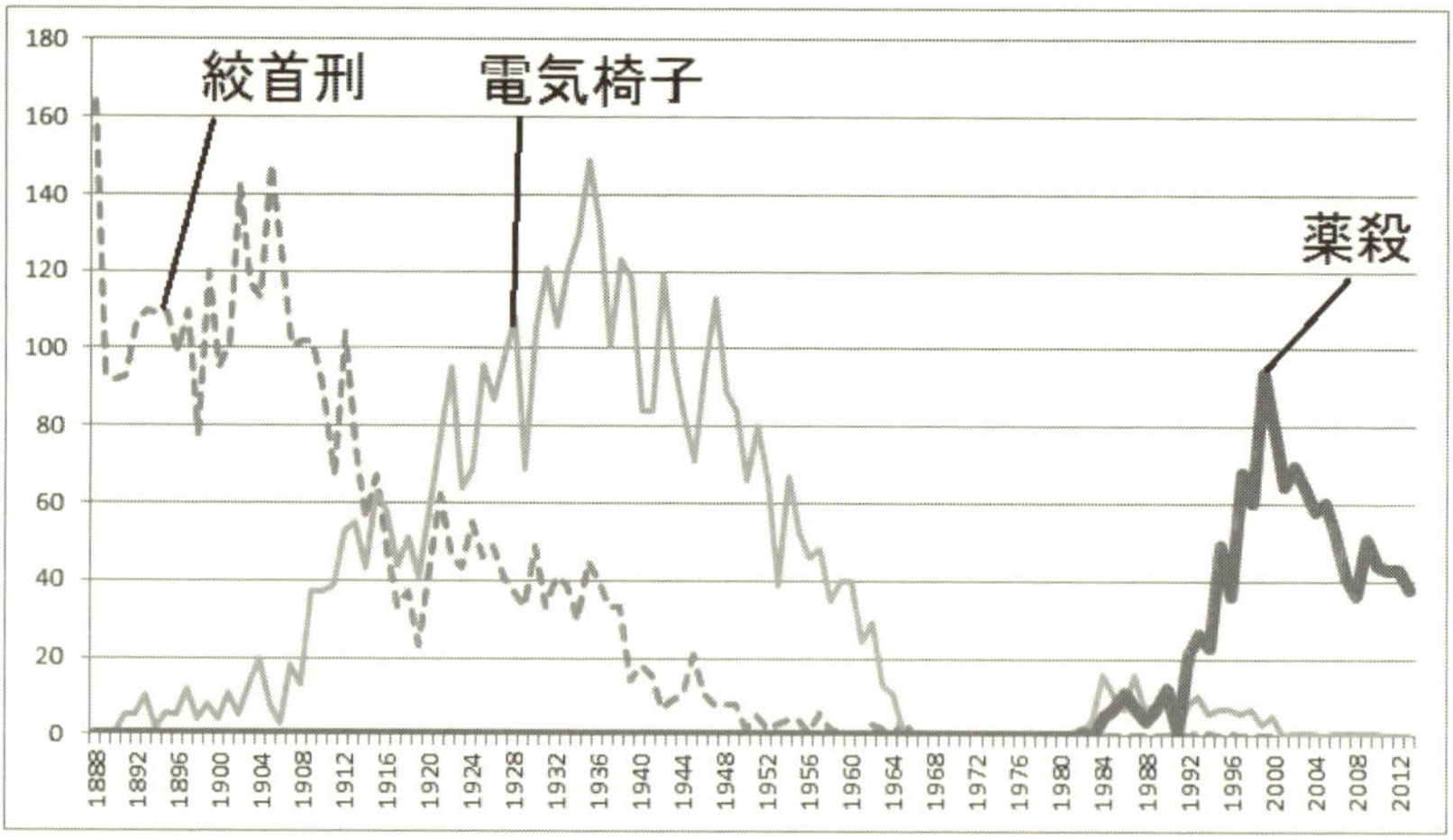

図 2　1888-2002　Espy. M W and Smylka, J. O. *Executlons in the U.S. 1608-2002: The Espy File*
2002-　Death Penalty Information Center, *Executlon Database* より作成

償とほぼ同額になりましたが、それでも十分と言えない場合も少なくないと思います。ネックとなってきたのは、財源です。日本の場合、一般財源から支出されているのでなかなか予算を増額することができなかったのです。

打開策として、財源を確保するのが手っ取り早いと思います。例えば、アメリカでは、罰金として支払われたお金をプールして基金を作って、その基金を財源としています。日本では、交通反則金として納付されている総額も非常に大きな規模なので、こちらも財源になりそうです。

被害者を手厚く支援するための方策も実行に移していく必要があります。

＊本稿は、講演メモをもとに再構成したものです。

金尚均

「休暇」

なぜ死刑が許容されているのか

2014年10月16日　京都シネマにて

社会復帰させない刑罰

みなさん本作をご覧になってどんなふうに感じられましたか。そこまでして人を殺さなければならないのか、と考えられた人もいると思います。また逆に、小林薫さん演じる刑務官に、ああいう思いをさせる西島秀俊さんが演じている受刑者はそれほど酷い奴なのか、と考える人もいるでしょう。

現在も日本には死刑というものがあります。日本の法律で、この社会が、私たちが、また国が護られているその法律で定められた合法的な刑罰の中に死刑がある。ではその処刑をどうみるのか。それを今日の映画を通して考えてみたいと思います。

まず小林薫さん。私もああいう男になりたいと思います。顔の方は負けてないと思うんですけど演技が負けているなと思いました。小林さんは、あそこで支え役という役割を果たしているわけですが、私はあの受刑者の西島さんの服装を見て、はっと思ったんです。なぜかというと受刑者の服装は普通、刑務服といって決まった服をきている。彼はそうじゃなかったですね。Gパンとシャツ、非常にラフな形で生活している。朝起きてから絵を描いている。普通だったら、懲役という形で労働に服するんですね。そもそも受刑とは刑務所の中で労働に服さなければいけません。そしてなぜ労働に服するか。これはまた社会に復帰することを念頭に置いているからです。もっと難しいことをいうと、社会における労働の再生産を担うものとして個人があって、また刑務所がある。

その意味でいうと刑罰として死刑にするとはどういうことか。彼はあそこで一切、働いてないですよね。つまり、死刑囚が収容されている拘置所で働いていない。なぜ何もしないことが刑としてなされているのか。再社会化のために、あるいは社会の中に復帰するために刑に服している。これを刑罰と考えるなら死刑という刑が果たしてありうるのかについて、この映画を通してもう一度、考えてみたいと思います。

絞首刑は残虐な刑罰ではないのか

現在、日本において収監中の死刑囚は一二六名います。そして戦後、一九四五年から今日に至るまで六八六人が現実に処刑されています。これは私、少し驚いたのです。昨日、『執行者』という韓国の映画を観ました。韓国は、ここにいる多くの方もご存知だと思うのですけど、戦後、南北分断のもと、国家保安法や反共法の下で、いわゆる朝鮮民主主義人民共和国との間でスパイ活動をしたとして処刑された、もっと言うと、殺された方がだいたい九二〇名位おられます。日本の場合はそういう政治的な極度の対立状況はなかったわりには執行された人が非常に多いと私は思います。つまり日本では刑罰として人の生命を奪うということがかなり頻繁に行われてきたと認識せざるを得ません。

それから話がずれますけど、小林薫さんが処刑の支え役をしました。劇中では一〇秒くらいで西島さんが亡くなられるということになってました。死刑は法に基づいた行為ですから、執行すると死刑の始末書が拘置所長によって作成されるそうです。それは情報公開すれば見ることができますが、全てが黒塗りになっていて何がどうなっているか分からないのです。

劇中の小林薫さんは一〇秒くらいの支え役ですけど、現実には首を絞められてから死亡まで平均で一五分くらい経っている。あの場面にもお医者さんがいました。立ち会いのお医

金尚均（キムサンギュン）
1967年生まれ。山口大、西南学院大を経て龍谷大大学院法務研究科教授。専門は刑法。著書に『危険社会と刑法』成文堂、2001年、『ドラッグの刑事規制』日本評論社、2009年、共著に『刑罰論と刑罰正義』成文堂、2012年、『ヘイト・スピーチの法的研究』法律文化社、2014年、『ドイツ刑事法入門』法律文化社、2015年など。（撮影・中山和弘）

者さんが死亡を確定するまでが、受刑者の体力によって長短ありますが平均一五分くらいです。だから西島さんが吊られましたが、実際には一〇秒くらいでは終わらないということが分かってきました。刑事訴訟法にこう書いています。医師が死亡を確認したと言っても、すぐに首から紐を外して体を下ろすんじゃなくて、五分、吊るしたままで放置するんです。一五分ならあと五分、計二〇分くらい吊るされたままなんです。

死刑というのは絞首、首を絞めるということになります。そこで絞首ということを考えますと、どういうふうに受刑者は死んでいくかということについてみなさんどういうイメージをもたれているでしょうか。一般的には窒息ということがいわれているわけですが、現実にはそれに対して二つの疑義が提起されています。この映画の前提は、一九五五年の死刑判決の際にでた古畑種基医学博士の鑑定書だと思います。その鑑定書では「死刑執行の直後に意識を消失し、本人は何ら苦痛を感じない」、これが根拠となって日本では、絞首刑は残虐な刑罰ではないとなっているわけです。憲法でも残虐な刑罰はこれを禁止すると書いてますから、そこをクリアしなければ死刑という刑罰、首を絞めて殺すというあり方は違憲であるとなっちゃうわけです。

二年前（二〇〇二年）に大阪高等裁判所で、死刑の残虐性を争う裁判がありました、そこで参考人としてオーストリアの法医学者のヴァルテル・ラブルさんという方が大阪高裁で意見を述べられました。ラブルさんは「首を絞められてから短い人で一分、長い人であれば三分ほど意識がある」とおっしゃっていました。そういった中で首を絞められることで窒息する場合ももちろんありますけど、場合によっては首が切れて、絞首じゃなくて斬首で亡くなる方もおられると、参考人として意見を述べておられました。その意味からすると死刑の残虐性の問題が改めて問い直されなければならないのではと思います。

日本はオブザーバー国としてEU（ヨーロッパ連合）に加盟してますが、最近、日本は二つのことでEUから批判されています。どういう経緯か。今日本はヨーロッパ連合との貿易協定、関税障壁をなくしましょうと交渉しています。そこで日本政府は三つの課題をヨーロッパ連合からつきつけられています。一つは死刑です。最近は絞首をやめなさい、そして絞首のやり方を公開しなさいと突き付けられています。二つ目は捜査の可視化です。そして三つ目はヘイト・スピーチの問題です。これが日本であるということをヨーロッパ連合は最近まで知りませんでした。これに対してちゃんと規制しなさいと、この三つの要求を突き付けられています。

刑罰とは何か

こういった問題が死刑にはあるんですけど、そもそも刑罰とはなんであるのかを考えてみましょう。たとえばここに、横におられる方が知りあいないしお連れ合いであれば信頼できるでしょうが、それがまったく知らない人であった場合、なぜ全く知らない人なのに安心して座れるか。たとえば（面前の女性を示し）お姉さんと僕がいますよね。ぼくがお姉さんを殴るとか鞄を盗るとかなったらここには座ってられない。なぜここに座っているかといえば、それは僕の考えていること、思っていることをお姉さんも一緒に思っているわけです。二重に予想しているわけです。僕の思ってることを貴女が思ってる。このような関係が成り立つわけです。でも世の中にはいろんな考え方の人がいるわけです。世の中は複雑なのでいてもたってもいられない。もう不安で世の中を歩くことができない。それで法律という決まりをつくりましょうと。たとえば人を殴ってはいけませんとか、人のものを盗ってはいけませんとか、ルールをつくるわけですね。そこでたとえばそういったルールをつくることで私たちの相互の予想関係、これを「二重の予想」とか「二重の期待」といいます。この言葉覚えて帰ってください。私たちはどういうふうな社会関係の中で安心して暮らしているか。それを破る人がいるわけです。これを犯罪ないし違反というわけです。これを違反している人はどのようなことを言ってるかというと、たとえば物を盗る事、「これは俺の常識や」と言ってるわけです。そう言い返す、世の中に対して自分の意見を主張しているわけです。人を殺す人は「この世の中で人を殺すことは悪いことじゃない」と、人を殺す人は世界に対して主張するわけです。それに対して、裁判所っていう所で、「そういうあなたの主張は間違ってますよ」と言い返すわけです。これを犯罪とそれに対する裁判ということでコミュニケーションの関係をつくるわけです。それをつくることで私たちの社会で二重の予期、二重の予想という関係をできるだけ縮めて安定化させる意味合いがあると思うんです。そしたら「あんたのやったことは悪いことや」と宣言するだけで、これで犯罪については処理できるんじゃないかと思うけど、そこに制裁がついてくるんですね。

そもそも制裁というのは、刑罰というのは何で課すんですかということに二つあると思うんです。一つは「やったことに対して責任を持ちなさい」。これ一つポイントですね。日本の憲法一三条で、「すべての国民は個人として尊重する」

©リトルバード

とあります。「すべてのやったことに対して個人として責任を持ちなさい」と。たとえば死刑なんかでも、あなたのやったことについて、それ相応の責任を負いなさいよと。これ私、日本の社会に死刑があることの一つの根拠だと、思ってます。

これはいろいろ意見あると思うんですけど、なんでこういうかというと、ドイツにも個人の尊重はあります。憲法にあたる基本法の二条に個人の尊重・人格の自由な展開はあります。それともう一つ、基本法の一条には、人間の尊厳を定めています。ここでは個人の尊厳とはまた別の、個人の尊厳の大大大前提である人間の尊厳というものがあるというふうにいう。これは何故か？

みなさんもご存知のようにナチス政権のもとでユダヤ人が三〇〇万人ともまた六〇〇万人ともいわれるくらい亡くなりました。あれは現実にいうと無法のままで殺されていったのではなくて、一九三三年に、ヒトラー政権時のドイツの国会で、議会で、民主主義の制度の下でつくられた法律で、ドイツ国民と国家の保護規則です。そこで決めたのは、社会生物学的に問題のある人を保護拘禁にしようという法律です。それに基づいて、たとえば精神障碍者の人や同性愛者の人、ユダヤ人の人が収容所に送られた。当時の具体的な名前は労働収容所だった。

そうやって収容されていく中でさまざまな悲劇が起こった。そこではまず何が問題であったかということです。だんだんと、人が人扱いされなくされる。人でないとの扱いを受けていく。それはドイツでは、保護拘禁に続いて、ニュルンベルク法という法律ができた。それは人を収容できる制度をつくった上で、ターゲットとされた集団、民族を合法的に人間以下の存在にする法律でした。ドイツ国籍を持つためにはユダヤ人でないことが一つの条件。もう一つは、ユダヤ人はドイツ人と結婚してはいけない、性的関係をもってはいけないとの法律です。その中でドイツ社会の中でユダヤ人に対するヘイト・スピーチが蔓延していくわけです。それはまさに迫害の対象、「こいつらは人間ではない」というメッセージを送る行動が行われてきた。その中でついにユダヤ人は公務員になれない。ユダヤ人のお医者はドイツ人の肌に触ってはいけないという法律ができてくる。そういった中でだんだんとユダヤ人を人間扱いしなくなる。その中でユダヤ人を収容所に送り込むことを正当視、当然視する社会的な環境が醸成されていくわけです。だからあの社会の中でユダヤ人が殺されることは社会の中では諦念ないしは当然であるとの環境がつくられていった。

そういった中で、戦後、ドイツで何がまず言われたか。「個人の尊重の前に人間として尊重されなければならない」。人間の尊厳をいったわけです。残念ながら日本の憲法には個人の尊重はあるけど人間の尊厳はないわけです。ここに私は日本の法制度の中に死刑が残りうる余地を憲法が自らつくってしまったのではないか、そう思っています。

もちろん異論はあるかと思う。その意味でドイツの基本法、これはヨーロッパのもそうなんですけど、まず死刑を廃止するというんですね。刑罰としてもまず「やってはいけないこと、やっていいことがあるよ」と。まず刑罰は人間として扱う際に、人に対する措置として刑がある。それはヨーロッパで常々刑罰とは何かが争われてきた。それは予防であるというわけですね。それはたとえば一般予防であったり特別予防であったりするのですけど、その前提は、犯罪者がまず人間であることが大大前提です。

これを私たちはどう考えるか。確かに犯罪を犯して、人を殺すといった人に対しては社会的に大きなバッシングが起こる。現実に今日では少年犯罪に対する厳しい目がある。少年法の厳格化や少年へも死刑を適用すべきだとの声がある。そ

ⓒリトルバード

こに何があるか。それはそういった人が人ではなく世の中の敵であるという概念が、この日本社会の中で非常に強くなっているのではないかという問題がある。今日の映画の西島さんにしてもそういった刑罰というものが受刑者の再社会化にあるというならなぜ死刑が許容されているのか、なぜあるのか、というと、ここでは西島さんは社会の敵として、ないしは人間以下の、ないしは人間としての存在を否定された、そこに死刑というものがありえるのではないか。そこで死刑は許されないと考えるべきなのか、この日本社会の例外として捉えるのか。ここは私たちは今後、智恵を絞って考えないといけない。この映画は私たちに考える材料を与えてくれるものだと考えています。

◎京都にんじんの会編著

『銀幕のなかの死刑』

京都の第1回死刑映画週間で、鵜飼哲、安田好弘、池田浩士、岡真理、高山佳奈子、ベヨンミ、石塚伸一が、「死刑弁護人」「サルバドールの朝」「少年死刑囚」「私たちの幸せな時間」という4本の映画から死刑制度に迫った希有な書。図版多数。

「死刑弁護人」

「死刑弁護人」のできるまで　安田好弘・斉藤潤一

「サルバドールの朝」

独裁時代のスペインと現代日本　鵜飼哲

サルバドールの朝を見たあとで　石塚伸一

「私たちの幸せな時間」

韓国・死刑制をとりまく諸問題　ベヨンミ

異文化から〈死刑〉を考える　岡真理

「少年死刑囚」

「少年死刑囚」を見て 高山佳奈子

「少年死刑囚」の虚実 池田浩士

死刑を考えるための映画リスト（作成・にんじんの会）

定価 1200 円＋税　ISBN978-4-7554-0234-0 A5 判 135 頁

執行者

2009年／韓国／96分

ソウルの刑務所に赴任した新人刑務官ジェギョン（ユン・ゲサン）。
ある日、女性12人を殺害した凶悪犯が送られてくる。
世論を背景に12年ぶりに執行が再開されることになり……。
韓国では一九九七年以来、執行が止まっているが、
二〇〇九年、ある連続殺人事件を契機に執行再開を求める世論が高まった。
その流れに抗して撮られたのが本作だ。

監督＝チェ・ジンホ
脚本＝キム・ヨンオク
出演＝ユン・ゲサン、チョ・ジョヒョン

「執行者」

いま、韓国では

かつて執行が日常茶飯事だった国で

張 惠英

2014年10月15日　京都シネマにて

この作品の監督・出演者

チャン・ヘヨンです。よろしくお願いいたします。私が研究しているのは、韓国映画と社会のことですので、死刑制度そのものや法律に関することは、あまりお話しできないと思います。私がお話しできるのは、この「執行者」という映画と、映画の中に出てくる内容の歴史的、社会的背景ぐらいだと思います。

まず、監督と出演者について、簡単に紹介します。監督のチェ・ジンホ氏は、最後のエンディング・クレジットにも出てきましたけれど、本作が実質的な監督デビュー作です。一九七一年生まれのチェ・ジンホ監督は、監督デビュー以前も脚本や助監督として、様々な映画製作に関わってきています。本日ご覧になった「執行者」も、監督自身がシナリオを書き、監督も務めたわけです。チェ監督が「執行者」の製作に至ったきっかけは、死刑執行者たちの苦悩に関する新聞記事を二〇〇六年に読んだことだと答えています。そのあと監督は一年くらいの取材を経て、一年六カ月くらいでシナリオを書き、一〇回以上の修正を繰り返したのち、二〇〇九年三月にクランクインして、二〇〇九年五月、つまり二カ月あまりでこの映画を完成させています。当映画は一三億ウォン、日本円にすると一億三千万円くらいの製作費しかかかっていない低予算の映画としても有名です。有名俳優が出演していることを考えると、異例の低予算の映画だといえます。このように低予算ですんだ背景には、日本の法務省にあたる、韓国の法務部という政府機関の様々な支援がありました。例えば、小道具、衣装、撮影場所の提供、シナリオへのアドバイスなど、様々な形の支援がなされたそうです。刑務官の話ですから当然のことですが、当映画の舞台は刑務所の中です。映画の中に出てくる刑務所は、三人の死刑囚が刑を執行される場面を除いて、すべて実際の刑務所の中で撮影されたものです。つまり、死刑執行のシーンだけがセットで、ほかはすべて実際の刑務所の中で撮影されたということです。監督自身が、セットではなくて、実際の刑務所での撮影にこだわりを持ち、法務省に撮影を申し込んだのですが、撮影の一週間前にようやく許可のサインが下りて、なんとか撮影にこぎつけたそうです。このように法務省からの全面的なバックアップを受けたことで、この映画のリアリティは増したと言えます。

しかし、あとでまた申し上げますけれども、この全面的なバックアップが映画の主張を鈍らせてしまったのではないかということも考える必要があると思います。またチョ・ジェヒョンやユン・ゲサンという知名度の高い俳優を起用しながら、ここまで製作費を抑えられたというのは、俳優たちが、ほぼボランティアに近い形で当映画に出演したということを意味します。新人刑務官オ・ジェギョン役を演じたユン・ゲサンは、『執行者』の撮影後、法務省の広報大使に選ばれました。映画製作側は刑務所の中で撮影ができたことで映画のリアリティが増し、法務省にしても元人気アイドルグループの一員であるユン・ゲサンを法務省広報大使に任命してイメージアップを図ることができたので、お互いにとって、うまみのある話だったわけです。

さて、本作での出演がきっかけで法務省の広報大使に選ばれたユン・ゲサンは、一九七八年生まれです。彼は一九九九年に音楽グループのｇｏｄ（ジーオーディー）のメンバーとしてデビューしました。最初は歌手というかアイドルグルー

張　恵英（チャン　ヘヨン）
1975年、ソウル生まれ。立命館大学コリア研究センター客員研究員。主な論文に、「『保護と育成』—韓国軍事独裁政権下での映画政策」『立命館産業社会論集』立命館大学産業社会学会、第44巻第4号、pp.111-134、「犠牲になる母親、受け入れる母親—『憎くてももう一度』に見る母親像」『コリア研究』立命館大学コリア研究センター、第1号、pp.39-55など。朴正熙政権下の韓国映画史の言説を研究。

プの一員として活動していましたが、二〇〇四年から映画界にも進出して、演技の面でも好評を博しています。この「執行者」で彼が演じているのは公務員試験に落ちた結果、刑務官にならざるを得なかった新人刑務官の役ですけれども、最初はまったくヤル気のなかった新人だったときから、良くも悪くも刑務所の体制に順応していく姿をシリアスに演じています。ユン・ゲサンと並ぶ、主人公と言ってもいいほど重要な先輩刑務官を演じたのは、チョ・ジェヒョンという韓国映画界の実力派俳優です。韓国映画が好きな方でしたら彼の名前はおそらくご存じかと思いますが、日本でも公開された作品の中ではキム・ギドク監督の二〇〇二年の作品である「悪い男」がかなり有名です。この「執行者」の中で彼が演じたキャラクターも、どことなく「悪い男」で演じたヤクザの役と通じるところがあると感じられた方もいらっしゃるかもしれません。どちらも暴力と危うさを漂わせながら、どうしようもなく不器用な可愛らしさも持ち合わせている繊細なキャラクターを演技で表現しています。

本作には、主演格の二人以外にも様々な印象的な俳優が出演しています。中でも二人の死刑囚のキャラクターは、本作の重要なテーマと密接な関わりを持っていると思います。死刑囚の一人、今は悔悛して、刑務官と仲良くなって将棋をさして遊んだりしているイ・ソンファンというキャラクターなんですけれど、その役を演じているのはキム・ジェゴンという俳優さんで、一九四七年生まれです。つまり彼が、この映画の中で演じたイ・ソンファンという死刑囚は、年は六〇歳だとキム刑務官が言ったと思うんですけど、ちょうど日本でいう団塊の世代の俳優で、自分の年ごろの役を演じたということになります。もう一人、最後の最後まで改心しない絶対悪の死刑囚を演じたチョ・ソンハは一九六六年生まれの俳優です。彼の場合は芝居でかなり経歴を積んだ俳優で、こちらも先ほどの死刑囚を演じた俳優と同じように、主役格にはならないものの印象深い、個性のある役をたくさんやっている人です。日本で公開された映画でいうと、日本の作家である宮部みゆきさんの『火車』という小説を韓国で映画化した際には、ほぼ主役といってもいいような重要なキャラクターを演じています。同映画の中で私たちが知っている有名な俳優はユン・ゲサンとチョ・ジェヒョンくらいだと思いますので、そのほかの名脇役も簡単にご紹介させていただきました。

この作品をどう受け止めたか

さて、この映画をご覧になって、みなさんはどんな感想を抱かれたでしょうか。私はインターネットでこの映画を見た日本人の感想をいくつか調べてみたのですが、評価はかなり分かれていました。評価が分かれた一つの要因は、映画の中でも述べられていたように、韓国では一九九七年から死刑が執行されていない、実質的に死刑を廃止したような状態だということが、予備知識として備わっているかいないかの差だと思います。韓国では死刑が実質的に廃止の状態にあることがわかっている韓国人の観客にとってみると、この映画の設定はなかなか刺激的なわけですね。死刑執行のための設備が老朽化してしまって不具合が起きたり、マニュアル本がなければ死刑の手順がわからなかったり、映画の中の一つ一つの描写が韓国人の目には、リアルに映るわけです。しかし、死刑が存続されている日本社会で観ると、一つ一つの描写に対して、間延びした印象を受けてしまうかもしれません。

また、韓国映画を研究している自分としては割とお馴染みなのですが、一つの映画にいろいろな要素を詰め込みすぎていると感じた方もいらっしゃるのではないかと思います。「執行者」の主人公は新人刑務官オ・ジェギョンですが、この映画は単純な主人公の成長物語ではありません。主人公と恋人との関係を描いた恋愛の要素、刑務官と死刑囚との心の交流を描いた人情話の要素、刑務官による死刑囚への過剰な暴力を描いたバイオレンスの要素など、いくつもの要素を指摘することができます。こういった観客へのサービス精神とでも言いましょうか、ごった煮的な映画の作り方は、うまく調和すればパワフルな映画になりますけれども、へたをすると肝心の主題がボケてしまうことにもなりかねません。この作品をご覧になったみなさんの感想はどうだったでしょうか？

韓国の死刑制度を振り返る

さて、本作品は、死刑制度を真正面から描いたわけですが、このように死刑制度を描くことは韓国映画においては非常に稀なことで、その意味で本作は例外的な作品と言えます。おもしろいことに、最近、日本でも韓国映画はたくさん公開されていますし、その中には例えば、「オールド・ボーイ」、「親切なクムジャさん」、「復讐者に憐れみを」というパク・チャヌク監督の復讐三部作に代表されるような、個人の復讐を描いた作品もたくさん含まれています。しかし、歴史的に見て、韓国映画が個人の復讐劇や死刑をテーマとして描くようになったのは、ごく最近のことです。これはなかなかおもしろい傾向だと思いますけれども、なぜかと言えば、韓国では一時期、メロドラマが大量に製作されるのですけれども、そのメロドラマにも復讐や死刑という要素はあまり出てこないのです。日本であれば、法律が裁けない「悪」を裁く、例えば「必殺仕事人」のような作品がありますが、韓国ではそういったテーマもあまり登場しないです。これは韓国で非常に強い影響力を持つキリスト教の影響とか、文化や社会に関する様々な要素が関連していると思いますが、一つ言えることは、死刑を語る、あるいは死刑を物語の中で描き出すことは、韓国においては長年にわたって政治的に非常に危険な行為であり、なかなか製作者にとって気軽に手が出せないテーマであったということです。その背景を少しお話しします。そのために韓国の死刑制度について、少しお話ししたいと思います。

　映画の中でも何度も言及されていましたが、韓国で最後に死刑が行われたのは一九九七年、つまり金泳三《キムヨンサム》政権の末期でした。このとき二三人の死刑が執行されてから一六年間、死刑は執行されていません。韓国の歴史を振り返ると、一九四九年七月一四日に殺人犯を処刑してから、一九九七年一二月三〇日まで、トータル九二〇人の死刑が執行されました。それを犯罪類型別に見てみると、殺人あるいは強盗殺人、尊属殺人など、他人の命を奪ったケースが五六二人で半分以上を占めます。その次に多かったのは――みなさんもご存じだと思うのですが、韓国は南北に分断されていますね、だから南北分断と左右イデオロギー対立の歴史を反映していると思いますが、国家保安法と反共法、緊急措置違反などによって処刑された政治思想犯で、その数は二五四人にのぼります。政治思想犯として処刑された人々の多くは、最近になって韓国の最高裁判所の再審によって無罪が下されたりしています。映画の中で年配のキム刑務官が死刑執行の前日にお酒を飲んで新人のオ・ジェギョン刑務官に言いますね。「私がこの手で何人殺したと思うのか」、「その中には冤罪も多かったんだ」、「あとになって無罪であったことが明らかになった人が多い」ということを発言するのですけれども、このセリフの背景にあるのは韓国社会にとって、死刑がイデオロギー面での敵を文字どおり抹殺する重要な手段として利用されてきた、という事実です。国家保安法違反で処刑された政治犯あるいは思想犯は、一九八六年に全斗煥《チョンドゥファン》政権以降は確認されていません。政権別に死刑確定者の数を見てみると、現在の韓国大統領である朴槿恵《パククネ》の父親である朴正熙《パクチョンヒ》時代が四一四人で最も多いです。その次がリショウバン・ラインで日本でも知られている李承晩《イスンマン》政権時代に三三五人、その次が全斗煥《チョンドゥファン》政権の七六人、その次に同じように軍事政権であった盧泰愚《ノテウ》政権で六〇人、尹潽善《ユンボソン》大統領の時代に一四人、その次が最後に二三人の死刑を執行した金泳三《キムヨンサム》政権で一二人という順番になります。それで現在、死刑判決を受けて刑を待っている受

Ⓒ Motion Pictures 2009

刑者の総数は、いま韓国に六一人います。

映画の中で一二年ぶりの死刑執行が迫る中、刑務官のキムが昔の同僚を訪ねるシーンがありました。日本語の字幕では簡単に訳していましたが、彼はそこで言いましたね。「私たちは当時、なぜあんなにたくさんの人を殺したのか」という話をしていました。「銀行強盗をしたと言っては殺し、アカと言っては殺し、デモをしたと言っては殺し」というふうに言っています。字幕では「社会運動家」と訳していましたが、最後のところでは「デモをしたということで殺した」と言っています。つまり、こういうセリフからもわかるように、かつては死刑執行が、それこそ韓国社会では日常茶飯事だったわけです。そこで言及される「アカ」という言葉ですけれども、気づいてらっしゃる方々も多いと思いますが、共産主義者、つまり北朝鮮、もっと正確に言いますと北朝鮮からのスパイ、あるいはスパイではないかと疑われた人々のことを指しています。このような人々を韓国の軍事政権では、反共法あるいは国家保安法、緊急措置違反という名目で次々と処刑していたわけです。

「国家保安法」とは何ぞやと思う方々もいらっしゃるかもしれないですが、日本で一九四五年以前にあった治安維持法とほぼ同じ内容のものです。一九五〇年に始まった朝鮮戦争は、一九五三年に休戦協定を結びましたが、そのあとも韓国では反共主義が国家のアイデンティティーというか、国民みんなが信じて従わなければならない国民宗教のようなものになって、絶対的な方針でした。とりわけ、いまの大統領である朴槿恵《パククネ》の父親の朴正煕《パクチョンヒ》が政権を握った一九六一年から一九七九年の間は、国家保安法という法律があったにもかかわらず、わざわざまた反共法という法律を作りました。これは要するに、共産主義者を北朝鮮のスパイとして逮捕するための法律なのですが、朴正煕政権下では反共法の名のもとに、政権に対して批判的な思想を持つ人物にすべて共産主義者のレッテルを貼って逮捕し、処刑するという暴挙が行われていたわけです。当時はこれらの法律によって多くの政治家や学生、言論人などが犠牲者になりました。ですから韓国社会において死刑というのは、たいへん政治的な文脈にあったということが指摘できると思います。

代表的な例をいくつか紹介したいと思います。李承晩《イスンマン》大統領は、一九五八年、自らの政敵であった曺奉岩《チョボンアム》という政治家を国家保安法違反で逮捕して処刑しています。一九六一年五月一六日に起こった五・一六軍事クーデターの直後、そのリーダーは朴正煕でしたが、朴正煕によって『民族日報』という新聞社の社長だった趙鏞壽《チョヨンス》という人が、国家保安法違反で処刑されています。国家保安法違反は権力者にとってたいへん便利な道具で、このほかにも「司法による殺人」と呼ばれる、一九七四年の人民革命党事件や、一九八〇年の内乱陰謀罪、あるいは国家転覆罪、いわゆる国家保安法違反という名目で、

のちに大統領になる金大中《キムデジュン》も死刑判決を受けています。

先ほどお話しした司法による殺人と呼ばれる人民革命党事件について、少し補足しておきます。一九七二年、当時の大統領・朴正煕《パクチョンヒ》は、大統領の当選回数に関するルールを勝手に拡大して、自らの独裁政権である維新体制をスタートさせます。しかし、翌一九七三年から維新体制に反対する運動も激化していきます。そこで朴政権は、維新体制に反対する学生や社会運動家を次々と、国家転覆を図るアカ、つまり北朝鮮と通じているスパイに仕立て上げていきました。逮捕者をスパイに仕立て上げるために、韓国のＫＣＩＡ、いまの国家情報院ですけれども、ＫＣＩＡは人民革命党という実際には存在しない反政府集団をでっちあげ、逮捕者すべてをこの人民革命党の関係者だと発表して、国民にたいへんショックを与えます。彼らが、私たちは人民革命党党員ですと素直に認めたかというと、それは絶対にあり得ないですね。その人民革命党という党名を聞いたこともない人々でしたから。つまりそれは苛酷な拷問によって自白を強要し、まんまと思惑どおりに起訴に持ち込んだということです。

この事件は異様な展開を迎えます。一九七五年四月八日、最高裁判所は人民革命党党員とされた八名の被告に死刑を宣告するわけです。そして、宣告した一八時間後にはなんと死

刑が執行されたのです。最近の真相究明委員会などの調査によると、死刑という判決が出る三～四時間くらい前に、すでに死刑の執行を命令する書類が下されていたそうなのです。これが人民革命党事件が「司法による殺人」と呼ばれる所以です。犠牲者の名誉は長らく回復されませんでしたが、ようやく二〇〇七年になって、人民革命党事件によって処刑された犠牲者全員に無罪判決が出され、彼らの名誉は回復されました。

ちなみに、現在の韓国大統領・朴槿恵《パククネ》が大統領に就任する際、当然、彼女の父親時代に起ったことですから記者たちが聞くわけですね。その人民革命党事件に無罪判決が出ているけれど、それについてどう思うのかということを朴槿恵に聞きました。しかし、そのときの朴槿恵の発言は、ものすごく大きな批判を浴びます。人民革命党事件は明らかにでっちあげ事件であるにもかかわらず、朴槿恵は最高裁判所が一度は有罪判決を出している事実を強調して、「一九七五年の有罪判決と二〇〇七年の無罪判決の両方とも司法の判断に基づく公正なものだったわけだから、この事件に対する評価・判断は、歴史あるいは国民がすべきだ」という趣旨のコメントを出しました。これは明らかに、独裁者であった自分の父親の責任を曖昧にしようとする態度であったわけですね。さすがにこの発言に、韓国国内はみんなショックを受け、批判が巻き起こったわけです。それで朴槿恵はこの発言を撤回し、謝罪しなければならなかったのです。

韓国の世論と死刑制度

さて、このように死刑が実質的に行われなくなっている韓国社会ですけれども、死刑制度に対する世論調査は興味深い数字の推移を示していますので、それを少しお話ししていきたいと思います。いまから二〇年前の一九九四年、つまりまだ死刑が行われている時代ですね、その一九九四年には死刑維持を支持する人は七〇パーセント、廃止を支持する人は二〇パーセントと、死刑維持派が圧倒的でした。しかし二〇〇三年に行われた世論調査は、死刑維持を支持する人は五二パーセント、廃止を支持する人は四〇パーセントという拮抗した数字を示しています。

二〇〇三年に死刑に関して、これほど韓国社会の意見が拮抗したのは、一九九八年から二〇〇三年まで大統領を務めた金大中《キムデジュン》の存在なくしては語れないと思います。ご存じのように、金大中自身が長年の間、民主主義のためにたたかった運動家であり、投獄され、死刑判決を受け、死刑の寸前までいった経験のある人物でした。そんな彼だからこそ、死刑を廃

ⓒ Motion Pictures 2009

止するまでには至らなかったものの、政権にとって都合の悪い存在を抹殺するための手段として悪用されてきた死刑を実施しなくなったといえると思います。振り返ってみると、やはりターニングポイントは、ここだったのではないかと思います。

しかし最近、二〇一二年九月にまた、死刑制度に関する世論調査を行いました。それによると、死刑制度を維持すべきであるという人は七九パーセントに増加して、廃止すべきであるという人は一六パーセントとなっていて、現在の韓国社会は、再び死刑の維持が多数派を占める状況になっています。

制作の背景

映画「執行者」の製作動機について、もう少し詳しくお話ししておきます。この映画が製作されたのは冒頭でもお話ししたように二〇〇九年でした。その二〇〇九年当時、韓国社会は死刑をめぐって注目すべき動きがありました。映画の中にも彼をモデルにしたと思われる殺人犯が登場しますが、実際の韓国社会でも女性七人を殺害し、死体を遺棄したカン・ホスンという犯人が逮捕されるなど、猟奇的な殺人事件および性犯罪が頻発していました。このような状況下で死刑執行を求める世論が高まったわけですが、さらに当時の大統領だった李明博《イミョンバク》も、大統領選の段階から死刑制度賛成派の人物でした。金大中《キムデジュン》とは異なる死刑賛成派の大統領と、死刑を望む世論で、舞台は整いつつあったということですね。しかし、そんな情勢に冷水を浴びせるような事件が起こります。当時、死刑が確定して三一カ月が経過していた死刑囚が突如、首つり自殺をします。この死刑囚が残したノートには、死刑が実際に執行される可能性が高まったことに対する不安が綴られていました。映画「執行者」は、まさにこのような死刑の実施や存続をめぐって韓国社会が大きく揺れていた時代背景をもとに作られた作品なのです。

この作品は、死刑制度に対して反対を訴えているのか、賛成を訴えているのか、わかりにくいと思った方が多いかもしれません。先ほど申し上げましたように、この作品は日本の法務省にあたる法務部から積極的な支援を受け、実際の刑務官も出演するなど、いわば死刑賛成派に対して全否定することが難しい作品であったということがその要因として指摘できます。監督自身は、製作発表会のインタビューの中で、個人的には死刑廃止を支持すると言いながら、映画では死刑制度廃止を直接的に強要せず、どちらにも偏らない描き方に努めた、と言っています。しかし、映画全体の流れを通して見た場合、映画の肝心なメッセージがぼやけてしまっていることは否定できないと思います。これは私の個人的な感想なのですが、問題提起だと割り切って淡々とドラマを描き出すには、この映画は少し感情的な描写が多すぎるのではないかと思いました。一つ例をあげると、音楽が乱発されたというか、たくさん使用されたということを指摘できます。監督が言うように中立の立場を作品で打ち出すならば、もう少し別のアプローチもあったのではないかというのが私の感想です。

結局、二〇一四年四月現在、韓国では死刑は実施されていません。しかし、朴槿恵《パククネ》は二〇一二年にこんな発言をしています。「人間として考えられない、とうてい受け入れられない凶悪な事件が起こったとき、その事件を起こした人間も死ぬという警告を与えるという意味で、死刑制度は必要であると考える」「死刑制度廃止の動きがあるときから、私・朴槿恵は、死刑制度廃止は慎重に考慮すべきことで、廃止すべきではないと、言ってきました」と言っています。最近のことでいえば、セウォル号の事件のときも、彼女は船長に死刑を与えるべきだというようなことを言って、国際的にもかなり問題を起こしていたのですけれども、これが彼女の根本的な考え方であるのではないかな、と思います。

この朴槿恵の発言を見ると、やはりこれから韓国社会において死刑が再び行われる事態は、十分あり得ることだと、正直に思います。ちなみに二〇一二年の世論調査で、凶悪犯に死刑を執行すべきであるかどうかという質問に対して、七八パーセントの人が賛成。反対はわずか一七パーセントでした。独裁政権における死刑の悪用という記憶は、凶悪犯罪に対する抑止力という名目の前に霞んでしまっているような気がします。韓国における死刑制度を描いた「執行者」について、少しお話しさせていただきました。ありがとうございました。

廃止への道を探る

「執行者」

堀 和幸

2014年10月13日　京都シネマにて

私と死刑事件、死刑弁護とのかかわり

一九七七年に弁護士になりました。その頃は労働運動や学生運動は少し下火ではありましたが、毎年何人か逮捕される方があり、公務執行妨害などの比較的軽い事件から爆発物取締罰則違反や傷害、傷害致死とか大きな事件も、新人である我々がやらされるのです。逮捕されたら面会に行く。勾留が付けば準抗告する。準抗告が通らなかったら理由開示請求をする、勾留が延長されれば勾留取消をする。起訴されたら、勾留の取消をする。刑事訴訟法のいろはから経験し、勉強させていただくことができました。テクニカルな問題だけではなくて、先輩の弁護士さんからスピリッツといいますか、刑事裁判というのは国家権力との闘いなんだよ、正義は我々にあるんだ、国家権力との戦争だと煽られ、頑張って、いろいろ勉強させていただいたんです。

初めて死刑求刑事件に出会ったのは一九八四年、弁護士になって七年目です。強盗殺人二件の事件でした。その事件は否認事件で本人はずっと無罪を主張してたんですけれども、最終的には死刑になってしまった。それ以来六件の死刑求刑事件に携わることができました。強盗殺人が四件、あと二件が殺人です。いずれにしても命が関わっている事件ばかりで

す。そのうち四件は死刑が確定し、一件は三年前に執行されました。一件は無罪になりました。一審で弁護人やりまして、死刑が無期懲役になったんです。国選ですから、控訴審で大阪の弁護士がつかれて、無罪になり、最高裁で確定しました。舞鶴で女子高生が殺害された事件です。彼は前科があったので求刑死刑だったんですけれど、無罪が確定しました。もう一件は強盗殺人と強盗殺人未遂で、未遂事件の被害者の方は命は取りとめたのですが植物人間になられてしまった。計画性はなかった、命は助かったということで、なんとか無期懲役に。これも検察官控訴、上告あったようですが、無期懲役で確定しました。

　四件目の方は、死刑が確定して、二〇一二年八月三日、執行されてしまった。その時本当に人が殺されたんだと思いました。それまでは、死刑は人の命を奪うんだから残酷だというような、観念的なものだったのですが、自分が担当した被告人が死刑になった。現実にどうだったかわからないですけれど、勝手に想像して頭に浮かんでくるんですよね。彼は独房から呼ばれて出て行って、最後に、立ったまま首に縄をかけられる。その時にどんな表情だったのかどんな言動だったのか。死刑というものが現実味を帯びてきて、やはりこれは国家の殺人だというのを実感することができました。いい経験じゃないんですけれども。

　その方とはいろいろありまして、いい思い出は全然ないんですよ。一所懸命死刑弁護やって、死刑は確定したけれど、弁護人もよくやってくれましたとかまじめになりますとか、そういう話じゃないので、ほんとに辛い。彼も辛かったと思うけど、僕も辛かったんです。そういうことでも一旦関わりをもった人間が、他人に殺害されるというのは。今日の映画で言ってましたが、「法の執行なんだ」と自分をなんとか誤魔化そうとして。死刑というのは殺人ですよね、それを実感しました。

　死刑事件の弁護って質も時間も大変です。死刑事件で弁護して、死刑判決になったら、死刑確定者が直接ぶつけるところは、家族か弁護人しかいません。検察官や裁判官はどこか関係のない世界の人ですから。そういう意味で弁護人のなか

堀和幸（ほりかずゆき）
1950年生まれ。弁護士（京都弁護士会所属）。京都弁護士会死刑制度調査検討プロジェクト・チーム座長。日弁連死刑廃止検討委員会副委員長。著書に『アメリカの刑事弁護制度』（現代人文社、1998年）、『臭気選別と刑事裁判』（現代人文社、2002年）（いずれも共著）がある。

には感謝されている方もいらっしゃるけど、おまえのためにこんなになったと思われる方も少なくない。

私はオウム事件やりまして、その人は東京なので、会いに行ったりできませんが、年賀状もらったり暑中見舞もらったりしていますが、死刑確定していまだになんとかつながり持っているのは一人だけです。

六件の死刑弁護を担当し、無罪を争っている人には無罪を主張しないといけませんけど、オウム事件なんかは客観的事実については特に争っているわけじゃない。最後は死刑かどうかというだけの事件だと、憲法違反とかいろいろ展開せねばならないので、死刑についていろいろ勉強することができました。これは、私の個人的な関わりです。

ノルウェーの経験

日本弁護士連合会（日弁連）には従前「死刑執行停止実現実行委員会」というのがありました。とりあえず死刑執行を停止しましょう。その間に政府に情報を公開させたり、国会の中に調査委員会設けたりして、もっともっと議論しましょう、その間は死刑の執行停止しましょうという委員会だったんです。あることがきっかけで、四年前に入りました。で、びっくりしたんです、五年も一〇年も前に日弁連は死刑を廃止する方針だと思っていたので、死刑廃止を前提として執行停止だと思ってたんです。委員会の中には死刑に賛成の方も反対の方もおられるし、ああだこうだと議論し、大変なとこに来たなと思ったんですけれど、死刑に問題があるからもっと勉強しよう考えようというのは最大公約数的にはあったんで、参加していろいろ議論を聞いてきました。

二〇一一年五月にノルウェーに視察に行くことができました。なぜノルウェーかというと、ノルウェーは死刑がないんです。ヨーロッパの国ですから、当たり前かもしれません。無期刑もなく、懲役刑が最高二一年。日本では考えられない国です。懲役二一年で釈放されて皆さん帰ってくるのかというと、そうじゃなく、保安処分的なものがあって、社会に帰すと再犯の危険がある場合、五年とか三年とか毎に更新はありますが、事実上一生拘束されることもある。しかし、刑罰としては死刑もないし無期刑もない。なぜそうなったのか、実態はどうなのかを調査しに行きました。刑務所も二カ所ぐらい見ましたし、法務省の方や学者の方にもお目にかかっていろいろ話を聞きました。ノルウェーも元々は厳罰化だったらしいです。犯罪が増えてきて、厳しく刑を科して刑務所に送り込んで犯罪を抑止しようという考え方だったんですけれども、それをやっても全然犯罪が減らないし、何も改善されない。むしろ治安が悪くなる、犯罪が増えていく。そういう現実を目の前にして、発想を転換して、更生・改善に重点をおいて早く社会に復帰させようと、変えていったんですね。

刑務所では出獄後のことが大切なんで、勉強したり職業の技術を身につけたり、外部との連絡はできませんけれどパソコンの練習をさせてくれたり、処遇も、自由にできるだけ社会で暮らしているのと同じような状態で過ごすことができる。もちろん外の世界と刑務所は違いますけれども、社会に出て行ったときに適応ができないことにならないような工夫がされてます。人道的な理由はありますが、功利主義的な考えもあります。捕らえて長く拘束し、出て行ってまた犯罪を犯して帰ってくる。これは国家にとって経済的にも、いろんな意味でも大きな損失です。犯罪のないのが理想ですけれども、犯罪が起こることは仕方がないとしても、早く立ち直ってもらって、あるいは立ち直るだけの力をつけてもらって、社会に帰って社会で貢献してもらえれば、国としてはプラスになるわけです。そういう国家の戦略というか政策で見たときに、厳罰主義よりも開放的な処遇の方が効果があるという現実的な考えもある。ノルウェーではそれが成功して、北欧の国だとかロシアからも視察が来るという話もされていました。

五月にノルウェーに視察に行った直後の七月に、そのノルウェーでテロが起こり、七七名が殺害されました。その年の一〇月の弁護士会の大会で、ノルウェーは死刑はダメなんだ、刑罰はこうあるべきなんだと、調査を元にして報告しようとしてた矢先の大きなテロで、もしもノルウェーがそれを機会に厳罰化に方針転換し、死刑復活という状況になれば、我々が調査に行った目的とは事情が変わってくると心配しましたが、政権党と労働党の政治集会の時に同胞を殺害され、内心的な怒りは凄かったかもしれませんが、死刑や報復は求めないと政府は言いました。ノルウェーは王国ですが、国王も報復では対応しません、報復で対応すると、ブレイビクという犯人と同じ立場になってしまいます。今日の映画の中でも被害者のお姉さんが、「私はあなたを憎むけど絶対殺してくれとは言わない、そうなってしまうと私があなたと同じ人間になっちゃう」と言っていました。ノルウェーは刑事政策を転換することはなかった。それで我々は一〇月にノルウェーの成果を踏まえて宣言案を採択することができました。

その宣言案の中で、死刑のない社会が望ましいことを前提とした上で死刑廃止についての社会的な議論を巻き起こそう、もっともっと政府に情報を公開させよう、いろいろ議論したり、政府あるいは国会の中に調査委員会を作って、その結論が出るまでは死刑の執行を停止しよう、という決議を上げました。死刑廃止という言葉が出てきたのが、前進です。それまでは日弁連でも死刑廃止というところまでいかなかった。死刑廃止が宣言としてできましたので、三年前に、目的も名前も変えて人数も減らして今の死刑廃止検討委員会として再出発を図ったのです。

事実上の死刑廃止国・韓国に学ぶ

　その新しい委員会で、最初に行った国が韓国で、二〇一二年五月です。韓国は今日の映画にもありましたように金大中《キムデジュン》大統領の時から一六、七年死刑執行がされず、事実上の死刑廃止国と言われています。なぜそんなに長いこと死刑が執行されてないのか。金大中大統領自身が民主化運動で活動し、死刑確定者でした。民主化運動を経験した盧泰愚《ノテウ》大統領も弁護士だった。一般の国会議員にも民主化運動で活躍された方がおられる。廃止するかどうかは国会が決めることですけれど、とくに大統領が死刑については反対、少なくとも執行はしない。一期五年で、三期執行がなく、いま朴槿恵《パククネ》大統領になっている。一〇年以上執行はないんだけど、法律では死刑廃止にはなってないんです。今日の映画では死刑執行されてましたけどね。何回か死刑廃止法案は出されたそうですが、通らなかった。廃止してしまうとこまでは、国会議員も選挙がありますから躊躇する。

　今日の映画にもありましたけど、ああいう大きな事件を起こした人がまた世の中に出てきたらどうなるんだという一般的な意見もある。だから死刑を廃止する代わりに終身刑を導入する法律を提案する。死刑に替わる終身刑が必要じゃないか、そうじゃないとなかなか国民の理解が得られないということで頑張っていると聞きました。

　韓国では、事実上死刑は執行されておりませんし、おそらく今後も執行されることはないと思います。今日の映画にありましたように、一〇年以上死刑執行されなかったら、死刑執行した経験のある刑務官が少なくなるだろうし、機械もどう操作していいかわからんというのもある。いま国連の事務総長が韓国の人で、国連としては死刑の廃止の方向に動いていますので、韓国で死刑執行が復活することはないでしょう。廃止になるかどうかは、我々も注目して見ていかないといけないと思います。

　昔のソウル刑務所が西大門刑務所歴史館になっています。昔の刑務所も、死刑執行の部屋も残っているんです。ちょこっと今日の映画に出てきましたけど、首に縄をかける時は椅子に座ってやるというのが向こうのやり方ですけれども、基本的には日本の絞首刑と同じです。後ろに輪っかを作って、首を圧迫して窒息、そうなるかどうかは別として理想的にはそうなるということで。刑務所の中には、戦前植民地時代に日本軍あるいは日本の憲兵警察が韓国朝鮮の方を拷問しているのを人形で展示してるわけです。小学生も見学に来てる。そんなのを見ると複雑な気持ちです。

日本にも留学されて、日本の死刑にも非常に詳しくて日本語も達者な朴秉植《パクビョンシク》先生に案内していただいたんです。「この展示は、問題がありますよ、植民地時代のことを問題にしているのはいいんだけど、実はその刑務所は、いわゆる民主化運動の弾圧に使われたんです。戦前の日本軍、日本の権力から、今度は韓国の政府によって民主化運動の弾圧で死刑になった方もたくさんいる。その歴史も展示すべきだ」と言っておられました。

韓国では死刑の廃止停止運動の中心になっているのは、宗教者です。「執行者」にも神父さんとかお坊さんとか出てきましたけれど、韓国はキリスト教、とくにカソリックの力が強い。韓国っていうと儒教だとか仏教だとか思うけれど、たくさん教会があります。そういう方が中心で頑張っておられる。

日本でも宗教者ネットワークとか、仏教、キリスト教あるいは大本教とかいろいろ宗教関係のかたが死刑の執行の停止、廃止に向けて頑張っておられます。宗教関係の方が命は神様から与えられたものです、あるいは、だから人は命を勝手に奪ってはダメですよと、たとえその人が人の命を奪った人でもですという宗教的な話をしていただければ、それを信じている方にとっては非常に説得力がある。抽象的に人を殺してはダメですと言っても説得力ないところがあるかもしれませんけど、宗教を信じている方にとって説得力がある。日本でも、もっともっと宗教関係の方が今以上に頑張っていただければありがたいなあという印象をもった韓国調査でした。

テキサス・終身刑導入で死刑判決は減ったか

死刑廃止ばかり言っていても、議論は進まない。代替刑として、やはり終身刑を言っていかないと、この日本でなかなか議論が進まないんじゃないかという意見が出てきました。終身刑は終身刑で反対は多いです。人を一生刑務所に閉じ込めておく、これはある意味で死刑とは違った残酷な刑罰です。一生出られるという希望はありません。無期刑は、仮釈放があるから希望を持って生きていけますが、希望のない人生、希望を閉ざされた刑務所生活、精神的に荒れるというのは充分考えられます。日本の無期刑は事実上終身刑化してますけど、非常に処遇が難しい。もともと大きな事件を起こした人だし、出る希望がほとんどない、そういう人は処遇が難しい。ましてや希望がゼロの方をどうやって処遇するんだ。四級から三級、二級、二級から一級、面会も増えますよ、自由な時間も増えますよ、仮釈放も、だから頑張っておとなしくしましょうよ、と受刑者を説得する。受刑者も、頑張って早く仮釈放になろう、だから今頑張ろうとなる。それが、何しようが終身刑で一緒となると処遇もなかなか難しい、という現場の声もある。

日弁連もかつて終身刑に反対しました。死刑と無期刑の間が非常に大きすぎるので、厳罰化しようという動きの中で、死刑には抵抗あるけども世の中に戻すのもダメ、で終身刑が提案されようとしたことがあって、その時は日弁連は反対しました。委員会の中でもいろいろ議論はあったのですが、とりあえず死刑を廃止して最高刑として終身刑もやむを得ないんじゃないか、否定はしないというスタンスになった。それが二年前の夏頃、日弁連の委員会として。ここでまた宿題ができます。日本には事実上無期刑が終身刑化されているとはいうものの、制度としての終身刑はありません。だから、その実態も我々には判りません。はたして終身刑が死刑の代替刑になり得るのかどうか、死刑の機能を一定代替できるのかどうかも判らない。

その時にたまたま大阪の弁護士会が中心になってアメリカのテキサス州に行こうという計画があって、我々もそれに乗りました。去年（二〇一四年）の二月です。テキサス州はアメリカでも最も死刑判決・執行の多い州です。一九七八年に死刑が復活して今年で死刑の執行が五〇〇越えています。二〇〇五年に、死刑は存置したままですけど、終身刑が導入された。ちなみに今アメリカで終身刑がない州はアラスカ州だけです。死刑を廃止している州にも廃止していない州にも終身刑はあります。テキサス州はどういう理由で終身刑を導入したんだろうか、死刑を減少させるため廃止させるためか、あるいは関係ないのだろうか。終身刑を導入して死刑の執行とか判決数はどうなったのか。これを調査しに行ってきました。

終身刑法案を提案した上院議員の方にも会ってきました。結論から言うと、終身刑導入を提案した理由は、死刑と全く関係ありません。死刑を減らそうとか廃止しようという目的で、終身刑を導入されたわけではない。なぜ導入しようと思ったのか。一つは陪審員の負担の軽減、あるいは陪審員に選択肢を増やす。さっき申し上げたように死刑といわゆる仮釈放になる無期刑しかないと、その差があまりにも大きすぎる。死刑にするほどの大きな事件ではないけれど、この人を社会に戻せばまた大きな事件を起こすんじゃないかという事件の陪審員をやったら非常に悩みますよね。陪審員だって喜んで死刑を選択する人はいないので、終身刑を置くと社会に対する危険はシャットアウトできますから、そこで陪審員の負担も軽減される。被害者遺族にはもちろん死刑を望む方もたくさんおられますけれども、死刑は執行されるまで時間がかかる。日本でも一〇年二〇年執行されずにいる方もたくさんおられます。アメリカでも平均して一審確定から執行までが十数年、二〇年近くかかると言われています。それは執行された方の平均ですから、執行されてない人は二〇年も三〇年も執行されずにいるかもしれない。遺族にとっては死刑というのは執行されて初めてけじめがつく、それが死刑と他の刑とは違うところです。執行されるまでに一〇年も二〇年も三〇年もかかるとすれば、その間ずっと遺族の心のけじめはつかないわけです。終身刑であれば、終身刑確定したら後は一つのけじめがつけられる。だから被害者遺族からも、全てじゃないですが、一定の理解は得られる。

これは初耳だったのですが、アメリカでは死刑事件はスーパーデュープロセス、だから死刑事件には費用がものすごくかかる。一件あたり二億円三億円かかるという話を聞きました。その段階では我々よく判らなかったんですけれど、陪審員の負担の問題、費用の問題、被害者遺族のけじめの問題、そういう三つの理由でテキサスでは二〇〇五年に終身刑を導入したという説明でした。

実際に二〇〇五年に終身刑を導入して、執行とか判決とかどうなったか。統計をみると、増えてはいないです。二〇〇五年ぐらいまでは減ってきて、だいたい横ばいなんです。そうすると、僕の個人的な感想なんだけど、終身刑を導入したから死刑執行が減ったとはなかなか言いにくい、というふうに思います。ところが、現場の弁護人は口々に、死刑は減った、求刑は減ったと言うんです。いままで死刑求刑されていた事件が終身刑という求刑で終わった。なぜなら「この人を社会に戻せば、また同じようなことをしますよ、だからこの人は死刑だ」と言えなくなった。それじゃ終身刑でいいじゃないかと言えるので。死刑求刑事件にたずさわっている人々は、実感としては死刑求刑事件は減っていると。だとすると、少なくとも終身刑がなければもっともっと死刑が増えていったかもしれない。そういう意味で、死刑の執行を増やさない、死刑判決を増やさないという意味では効果があったのかなというのが、私の個人的な印象です。

被害者の一定程度のけじめという意味で、あるいは社会に対する危険をシャットアウトできるということで、死刑に替わる機能も終身刑は果たしてる、というのを勉強することができました。

カリフォルニア・死刑と費用

ここで宿題も残ります。さっき言いましたように、スーパーデュープロセスのために費用がかかるとはどういうことかを勉強するために今年の三月、カリフォルニア州のロサンゼルスに行きました。カリフォルニアは二〇一二年一一月、死刑廃止についての州民投票をやったのです。一九七二年にアメリカの連邦最高裁が死刑の違憲判決を出したのですが、七六年に今度は連邦最高裁が合憲判決を出したんです。その時にカリフォルニアでは州民投票で死刑の復活を決めた。だから、州民投票で導入を決めた死刑については、廃止についても州民投票で決める。議会や知事が決めるのじゃなくて、州民、住民が決める。死刑廃止法案は可決はされなかったのですが、存置派が五二、廃止派が四八、ほぼ均衡しました。なぜ死刑廃止の票がそこまでたくさんあったのか、どんな議論がされたのか、まずは勉強しに行こうということで行きました。死刑廃止のキャンペーンを張った市民団体の方にも会いましたし、学者とかいろんな方に会ってきたのです。サン・クエンティン刑務所、ロサンジェルスからゴールデンゲートブリッジ、金門橋を渡った対岸にあるのですが、カリフォルニア州の男性の死刑囚は全員、七三〇人くらいここに収容されている。カリフォルニアも二〇〇七年以降執行されてないんです。事実上廃止州というと語弊がありますけれども、それに近い状態で、それだけ確定者がいる。そのサン・クエンティンにも行ってきました。死刑の確定者に会うことはできませんでしたけど、死刑の執行の部屋を見ることができました。直方体というか丸形というか、大きな容器のような、入れもののような部屋に椅子が二つ置いてあって。なぜそんな部屋かというと、以前はガスによる処刑だったので気密性がいるんです。潜水艦じゃないですけど、深海に沈めて研究したり視察したりする装置があるんだけど、そういう装置をそのまま使ったのかそれにヒントを得たのかしりませんけど、水に入れても水が入ってこない、ガスが漏れない、気密性のあるちょっとかわった入れものでした。

向こうは死刑執行に立ち会いができます。執行の状況を、手前には被害者遺族、それから執行される方の家族、それから弁護人、検察官、マスメディア、あとは州とか矯正の関係者、最高で四、五〇名位の方が見るそうです。

なぜ死刑廃止にたくさんの支持を得ることができたのかというと、費用の問題だったんです。「死刑には一件あたり何億という費用がかかりますよ、死刑確定者を収容する費用を含めると年間何十億もかかります、一〇年で何百億何千億ですよ。死刑を存置することに何の利益がありますか。治安は良くならない、教育は改善されない、被害者および被害者遺族のサポートも十分ではない。それを治安の維持、警察官とか刑務官を増員するとか、あるいは教育の改善、学校の設備の向上に使うとか、被害者遺族の支援、救済あるいは賠償、そういうものに使うべきだ」というのがキャンペーンの中心的なテーマです。

もう一方では冤罪という問題があるんです。もしも死刑になった人が冤罪だと判ればどうするんだ。冤罪の問題と費用の問題をやると、警察官とか刑務官、普通死刑については維持する側の人がかえって廃止について賛成してくれたり、あるいは一切ノーコメントで中立になってくれたりする。被害者遺族の中にも、死刑を存置して犯罪がなくならないよりは遺族の物的あるいは精神的支援のために使ってもらった方がいいという方もおられる。特に未解決の事件の遺族にとっては、警察の力が弱いから、犯人とみられる人がいったん捕まってもまた嫌疑が不十分で事件が解決されない。犯人がまだ捕まっていない人にとっては、死刑よりは犯罪捜査に使いなさいという意見もあって、従前であればむしろ存置派の方々の一定の理解も得ることができる。それが、五二対四八という僅差になった。

キャンペーンの方にも聞いたんだけれど、ほんとは「人の命は大事ですよ、国家であっても奪ってはダメですよ」と言いたいんだけれど、それをやると被害者の命はどうなるんだという話になる。

なんで死刑制度の維持にアメリカでは費用がかかるのか。一つは死刑の確定者を収容するための費用、これがやはり大きい。死刑の確定者は特別で、個室があってテレビとかいろんなものがあって、面会も比較的自由ですし、電話もできます。死刑囚だから特別な処遇をしてるんです。一般の受刑者の方は、サン・クエンティンで見ましたけど、日本の刑務所より狭い部屋に二人です。二段ベッドがあって、寝ることとトイレに行くことぐらいしかできない広さしかない。食事は食堂でします。一般の受刑者の処遇はアメリカは悪いです。それに比べたら死刑の確定者の処遇は全然違う。だから必然的にお金もかかります、たくさん刑務官も配置せねばならないし、房も大きいのを作らないといけない。一切廃止されて一番困るのは死刑の確定者でしょうね。死刑の確定者が死刑が廃止され一般の受刑者になってしまいますと、そのような特別待遇は受けられません。一般の狭い居室に閉じ込められてしまう、面会も自由にはできない。死刑事件ほどは充分な弁護を受けることができないと言われるほど、やはり死刑確定者の処遇は特別なんです。

もちろん刑事裁判自体も死刑事件は特別です。簡単に言いますと、アメリカの死刑事件は九段階なんです。刑事事件、地裁、高裁、最高裁、これで確定しますよね。日本はあとは再審だけです。再審といっても申立ててもすぐ却下で終わりです。アメリカの場合、人身保護手続というのがあって、確定裁判の中でいろいろ問題があった、たとえば弁護活動が不十分であったとか検察官が開示すべき証拠を出さなかったとか、新しいDNAの結果がでたとか、確定時点では明らかにならなかったことがあれば、ヘイビアス・コーパスという人身保護を請求することができます。それが州段階で地裁、高裁、最高裁、次に連邦レベルでの手続きもある。連邦の地裁、連邦の高裁、連邦の最高裁。三、三、三で九審制、九段階の。当然時間もかかります。その間、国選弁護人が必ず付きます。

ABA（アメリカ法曹協会）、日本でいうと日弁連のような団体があって、任意団体なんですがアメリカで一番大きな法律家の団体です。アメリカは法曹一元なので、裁判官もいますし検察官もいます。そのABAが死刑事件については高いハードルのガイドラインを決めています。たとえば死刑事件は必ず二名以上の弁護人をつける。一名はベテランの弁護士をつけなさい、事実の調査員、それから被告人の精神的な状態の調査員をつけなさい。死刑事件は弁護人と調査員をいれた四名から五名が最低の一つの弁護団を組んでやりなさい。それがさっき言った九段階続くわけで、日本よりはたくさんの費用がかかるということは想像はできます。

スーパーデュープロセスがちょっとはわかった。それによって費用がかかるというのもわかった。費用の問題は日本ではなかなか議論しにくいと思いますけど、死刑事件は特別なんですよ、死刑事件には絶対冤罪はあってはならない。袴田事件のような事実関係の冤罪もありますけれど、我々の言葉で言うと量刑冤罪というのがあります。たとえば責任能力がないのにあると判断された、主犯ではないのに主犯と判定された、あるいは向こうから仕掛けられた犯罪なのにこちらから仕掛けたという誤った認定をされた。つまり量刑を決めるについての誤判、これもありうるわけです。それで死刑になるかならないかの判断が決まってしまう。事実関係の誤判、量刑判断の誤判、絶対あってはいけない。人間がやることだからゼロにはできないけれど、これはできるだけ、少なくても死刑事件ではこれをなくさなければいけない。そうするとアメリカのような制度にするかどうかは別にして、別の事件とは違う厳しい手続、弁護体制をこれから日本でもやっていかなければならない、ということはよく勉強になりました。

今、日弁連の中では、どんな制度を導入しなければいけないのか勉強していますけれど、複数必ず弁護人が付く、自動上訴といって、死刑判決だったら被告人の意思にかかわらず控訴あるいは上告される、あるいは弁護費用をもっと増やすとか調査員もつけるとか、日本版のガイドラインも作っていかなければならないと思います。

これが我々日弁連での委員会での活動です。

私自身は死刑についてどう考えてるか

私自身は死刑については反対です。廃止されるべきだと思っています。一人の人間としてもそうですし、それ以上に弁護士という自分の社会的な地位、職業からもね。我々は法律で飯食ってます。法律の最高の法律は憲法です。憲法三六条には残虐な刑罰は禁止すると書いてあります。どう考えても、命を奪う刑が残虐でないはずがない。方法のいかんを問わず、最高裁は絞首刑は残虐じゃないといっていますけれど、おかしいんじゃないかと思っていますから、それが一番大きい。日本国憲法では、基本的人権の尊重というのが大原則です。一番の基本的人権である命の権利、これは国家としても奪うことはできない。

殺人罪をもうけて国家が殺人を禁止しているのになんで殺人許されるんやという議論があります。それから死刑だけに特別な抑止力はない、少なくとも実証はされていません。アメリカの廃止州と存置州を比べたり、ある学者はシンガポールと香港、香港は中国に返還される前ですけど死刑がなかった、シンガポールは死刑がある、大体人口も国民の経済的な構造も似ているそうです、そういうような似ている国・州で廃止しているところと廃止してないところを比べても、死刑を存置しているところは治安が良くて、廃止しているところは良くないという顕著な差はありません。少なくとも死刑がないと治安が悪いという実証的な研究はない。それと理論的な問題でいいますと、刑罰というのはいろんな機能があるんですけれども、少なくとも応報だけではないのは今の刑罰理論で明らかです、応報と矯正あるいは更生という。死刑には応報しかありませんよね。昔々ならいざ知らず、今の刑罰理論からすると矛盾する。あるいは世界の三分の二以上の国が死刑を廃止または停止している。このようにいろんな理由がありますけれど、もはや日本に死刑を存置する理由はないと私は思います。

世論調査の問題点はいろいろありますけれど、存置すべきだという意見の方が、世論調査すれば八〇何％です。よく言われるのが「人の命を奪ったんだから、命を以て贖うのが当たり前や」、あるいは「人を殺しといて、被害者の命をそんなに軽く見るのか」という意見があります。気持ちはよくわかりますよ。私だって被害者になればどんなことを言い出すかわかりませんが、少なくとも今の刑罰理論はそんな立場をとっていないわけです。「命を奪ったものは命で償いなさい」となると、そのまま適応すれば、一カ月の傷害を与えた人は一カ月の怪我をしなさい、腕を一本折った人は腕を一本折りなさいということですよね。でも、そういう考え方は採っていません。そんなこと刑罰に書いたら、残酷な刑罰だということになって。そういう人はちゃんと服役してきちんと刑罰を受けてはもらいますけれども、自分のやったことと同じ事をやられるわけではない。命を奪ったからあなたの命も奪うべきやというのは、気持ちはわかりますけれど、刑罰理論からするとおかしい、おかしいといいますか刑罰理論とは矛盾してるんじゃないか。それから殺された、亡くなられた方の命を軽んじているじゃないか、加害者の命を尊重しているじゃないか。こういう話もよく出ます。気持ちはわかるんですが、命って比べられるもんじゃないですよね、体重や身長じゃないですから。最高裁の言葉を借りれば、地球よりも重いんですよね。こっちが下がったからこっちが上がるとか、こっちと比べてこっちが重いから、こっちが軽い。どっちも大切だし比べることもできないくらいすごいもんなんだと、僕は思います。我々も亡くなった方の命が軽いから、死刑を言い渡された人の命の方が重いんだよ、だから助けなきゃ、なんて言いませんし理屈にもなりません。

それでも、死刑になれば被害者ないし被害者遺族が救われるんだ、それしかないんですよ、という意見もよく耳にします。死刑があることによって、マイナスばっかりですということではないのかもしれん。僕はないと思っていますけれど、仮に何らかの効果が死刑存置によってあったとしても、人の命を奪うことによって何かを解決するというのは、やっぱり止めましょうよ。戦争と一緒ですよね、人を殺して他人の土地に侵略して紛争を解決しようとしてはならないということを日本国憲法で決めました。もちろん加害者も、人の命を殺めた方はそれによってなにかを解決しようとやったわけで、これも非常に問題です。しかし、この人をまた殺すことによってなにか効果を上げようと、これもおかしいのと違うかと。命と違う方法で解決していくべきではないか。その一つが終身刑だったりするわけですけれども。我々は死刑のない社会を追い求め、追求していかなければならないというのが、私の考えです。

最後ですけれども、日本では、死刑廃止についてのなかなか出口が見えませんよね。こうやって地道な市民運動、社会運動がずっとありますけど、政治家が増えるわけでもない。元法務大臣で、現在は死刑廃止検討委員会の顧問をされている杉浦正健、平岡秀夫両先生は、法務大臣在任中死刑の執行命令書にはハンコを押しませんでしたが、このような政治家は少数です。やはり死刑の執行について、死刑の廃止についての動きがなかなか見えてこない。その中で廃止するためには、廃止言うてるばっかりではダメなんで、我々が言うべきことは冤罪の問題。冤罪は絶対に防げませんよね、ですから死刑は止めましょうよ。社会の危険はどうするんだとなった時には、終身刑を導入したら解決できるでしょ、シャットアウトできるでしょ、というふうに理論的にはなるのかなと僕は考えています。もちろんその間にはスーパーデュープロセスも取り入れて、冤罪をできるだけ少なくするのも必要です。

それから、支えるこういう市民運動社会運動も必要です。宗教界・弁護士会がもっともっと前面に出て死刑の廃止を訴えていくというのが必要だろうと思っております。皮肉半分ですが、最後は外圧かなと思います。死刑廃止の合宿に行ったら、東京オリンピック二〇二〇年、あれで死刑廃止だと言うんですね、なぜか。ＥＵが盛んに日本に働きかけている。選手の方がヨーロッパから来ますよね。ヨーロッパはみんな死刑廃止ですから、死刑のある国へ行かないよとか、政府に圧力かければ二〇二〇年が死刑の廃止になるんじゃないかという意見が出るくらいそれなりの期待があります。外圧頼みは良くないんだけれども、一方では必要なのかなあとも思います。アメリカも一八州、三分の一死刑廃止しましたけど、まだ三分の二、死刑が残ってます。大勢としては廃止の方向に向かっている。今年はまだですけれど、一年間に一つの州が廃止している。一〇年たつと一〇州プラスなので二八、三〇近くなる。州で過半数になる。そうすると連邦裁判所で、死刑は残虐である異常であるという違憲判決がでるのではないか。

いま、アメリカで薬物注射が議論呼んでいます。薬はヨーロッパからの輸入に頼っていたのですが、ヨーロッパは死刑のための薬なんか輸出しませんから、今まで使っていない、果たして効果があるかどうか判らない薬を使わざるを得ない。最初に麻酔、次に筋弛緩剤、最後に心臓を止める薬、この三つを打つ。ところがこの麻酔が難しい。ヨーロッパからの薬が入ってこないので悲惨なんですよ。筋肉弛緩剤効いちゃうと顔の筋肉も動きませんしもちろん声も出ませんから、一見何もないかのように見えて実は中で大変なことになっている、またそれが表現できない。

アメリカではガスや絞首刑は残虐だということになって薬物になったんだから、薬物が残虐だとなった以上は、他に残虐でない方法がない限りアメリカでも死刑を廃止せざるを得ない。アメリカで死刑廃止になれば、アメリカで死刑の廃止に取り組んでいる団体が日本をターゲットにして来ます。EUがいまアメリカの市民団体にたくさん資金を提供しています。アメリカが死刑廃止に成功すれば、次は日本に来ます。そういう外圧もよばないけませんでしょうし、外圧が先なのか我々の力が先なのかわかりませんけれど。皆さんのお力を借りて、もっともっと弁護士会の尻叩いていただいて、一歩でも廃止に近づいてくれたらいいなというのが、現在の私の気持です。

質疑

高島なな　京都大学法学部一回生の高島ななと申します。死刑映画週間を主催されている大道寺さんと知り合いで、今回質疑役をさせていただきます。よろしくお願いします。

私自身、法学部ですけれども、一回生で法律の知識があるわけではないんですけれども、大道寺さんの話を伺ったり、その中で、死刑制度についてはある程度関心は持っています。

私は死刑制度に反対する立場だったんですけれども、今回弁護士という、当事者の方の話を聞かせていただいて、冤罪の問題とか、被害者の遺族の感情を優先して死刑囚の命を奪うことは正当化されないとか、そういうことにすごく納得して、死刑は廃止されるべきかなという考えを持つことができました。

私から、堀先生の経験について質問させていただきたいと思います。

死刑事件の弁護を六件担当されているということですけど、弁護士という被告に身近な立場で実際に弁護をしてどういうことを感じたかを具体的に伺いたいです。

堀　イヤな思い出もたくさんありますし、六件が六件とも事件も違いますし、被告人自身の個性も違いますので、まとめて言うのは難しいんですけれども、人の命がかかってるということから、普通の事件とは全然違う精神的なプレッシャーがあります。日本では死刑事件について特別という考えはありません。しかも私選弁護でちゃんとした弁護料を払えるだけの人はいない。国選弁護、あるいはボランティアということになりますから、経済的にも大変です。死刑弁護というのは刑事弁護の神髄ですからね。東京の安田好弘先生みたいにそれを追い求めていったわけじゃないですけども、依頼がある以上はちゃんと引き受けてやろうとそれなりにやったんですけれども、先ほど申し上げたような例とか、「おまえの弁護が悪くて死刑になっちゃったんだ、この責任どうしてくれるんだ」と追及されるケースもあるので、ないとは言いませんが、やり甲斐があるようなないような複雑なとこもあります。けど、私としては、弁護士になったきっかけとして、基本的人権の擁護であるとか刑事事件で頑張りたいとか、当初の信念というか動機が、ありましたので、それについての例外はダメやと。もちろんいろんな意味で利害背反したりいやな事件ありますけれど、この被告人はいやだからやらないとか、死刑重たいからやらないとかじゃなくて、僕のできる範囲でやっていく。死刑事件というのはいろんな意味で大変です、経済的にも精神的にも肉体的にも、それで感謝の言葉ぐらい言ってもらったら帳消しになるんですけれども、それもないとは言いませんけど、少ないかもしれない。罵倒されるけど、我々はそれをやっていかなあかんと思っております。

死刑確定者もみんないい人なんですよ、世の中にモンスターはいませんよと言う方もおられますよね。僕はそれは判らない。いるのかいないのか。モンスターだから死刑にしていいわけじゃない。モンスターであったって、命を奪ってはいけない。例外つくってはいけない、モンスターの次に準モンスター、準々モンスターはどうなるかって話もあるので。モンスターがいるかいないか判りませんけれど、いたとしても、それは死刑にしてはいかん。

じゃ、そういうモンスターみたいな人はどういう処遇をするんだということになれば、先ほど申し上げた終身刑でどうですかと、いまは考えています。

高島　死刑廃止の様々な活動をされている一環で立命館宇治高校で講演をされたとうかがったのですが、その高校の生徒の意見が変わったとか、どんな影響をうけていたのか、なにかしら変化がありましたか。

堀　京都弁護士会で毎年「憲法と人権を考える集い」というのをやってまして、今年もやるんですけどテーマが毎年違ってます。その時に今年のテーマを死刑でやろうと理事者が決めた。高校生に死刑のことを勉強してもらって、高校生の目で死刑についての発表をしてもらうのが前半部分、後半部分は元検察官の土本武司さんだとか森達也さん、元刑務官の坂本敏夫さんで対談を企画しました。前半部分は高校生の方々に自分の目で、自分の耳で研究してもらってそれを発表してもらう。そういうことで、愛知県で被害者遺族だけれども死刑に反対している原田正治さん、元冤罪死刑囚の免田栄さん、教誨師の方、元刑務官の坂本敏夫さん、それからオーストリアの先生で絞首刑は残虐だということを大阪の裁判で証言されたラブルさん、あるいは龍谷大学の浜井浩一先生の話とか聞いていただいて発表していただきました。やはり当初は、高校生の方々、世の中にあるものはあって当然ですから、死刑についてそれは当然じゃないかという感じだった。しかし勉強していく中で、廃止までいくかどうかは別にして、考えていかないかんな、いろいろ問題があるんやなあということは皆さんいちように言っていました。一足飛びに廃止というのは難しいかもしれないけど、少なくとも政府に情報を公開させる、あるいは政府が情報を公開する。死刑執行の当日に何時頃呼びに行くのか、その時死刑確定者はどういうふうにしていたか、どういうふうにして死刑執行室に連れて行ったのか、その時に死刑確定者はどういう状態で何を言ったのか、あるいは今日の映画に出てきましたが、首に縄がかかったとき何か言ったか、それに対して刑務官は何か応えたか、亡くなるまでどれくらいかかったか。例えば、そういう情報を全部開示して、残酷かどうかは皆さんで判断して下さい、と言うべきでしょう。今は真っ黒のカーテンのかかった、真っ黒の画像を見せられて、これがいいの悪いのと言うだけなので、そういう意味で知ることから始めるという必要を実感させられたイベントだったと思います。

高島　ノルウェーが厳罰化に失敗して、再犯を防止できたわけでもなく治安が悪くなったとおっしゃったんですけれど。それと、実際に死刑を廃止しても犯罪率が上がる訳ではないというデータもあるんですけれども。何故だと思いますか。厳罰化は抑止力になり得ないのは、どう思われますか。

堀　カリフォルニアもそうですけど、三振法という三回目はどんな軽い犯罪でも終身刑ですというのがあって、どんどん刑務所の人口が増えていった。だけど、治安は良くならない。むしろ費用ばかりかかる。なんで厳罰化しても犯罪が減らないのか、治安は良くならないのか、学問的なことについては、よくわからないですが、現実としてそうなんです。犯罪というのは厳罰化で対処できない。経済的な問題とかいろんな要素が絡んでいるものなので、犯罪を犯したらこうなる、だから犯罪やめとことという単純なものではないんじゃないかという気はしています。

高島　死刑制度を支持する立場の主な主張は、死刑判決を受けたような凶悪犯に更生の余地はないから更生の機会を与える必要はなくて、死刑も許されるというのだと思うんですけれども、それについては、どうお考えですか。

堀　更生の余地がないから死刑にしてもいいのかというのには、疑問がある。命というのはやはり奪ってはならない、それぐらい大事なものなんだと思います。更生の余地がないというのが裁判所の決まり文句ですが、本当にそうなのか。所詮我々は人間ですから、その人が更生の余地がないかどうか我々が判断できることじゃない。執行した後に脳を解剖して、もしも脳に欠陥というか気質的な問題があって確かに更生の余地がないということになれば、それはその人個人のせいじゃない。脳の損傷といった肉体的な問題点があって犯罪を犯したとなると、更生の余地がないからといって、その人を処刑していいのかという問題があります。答えとしては、更生の余地がないからと言って、命を奪うことは憲法に違反する。それについては、もしそういう更生の余地のないモンスターがおればですけれど、終身刑で対応することができるじゃないか。これは必要悪ですけれどね、というのが私の理屈です。

ひき逃げで娘を失ったベテラン裁判官ティエンは、車2台を盗んだ貧しい青年に死刑判決を下すが、判決後の新刑法でそれは死刑適用犯罪ではなかった。悩み抜いたティエンはある行動に出る。絶対的な価値である命が法改定で左右される不条理が全編を貫き、臓器売買など「金が全て」の価値が支配する中国の現実が盛り込まれる。

監督、脚本＝リウ・ジエ
脚本＝カオ・シャン
出演＝ニー・ターホン、メイ・ティン

再生の朝に

2009年／中国／96分

石原燃
中村一成

「再生の朝に」

死刑を素材にフィクションを描く

2014年10月14日　京都シネマにて

中村一成　今回、私たちはアジア、特に東アジアにこだわり作品を選びました。世界地図を死刑の有無で色分けると、東アジアと中東は異常な存置ゾーンになります。中東ではイラン、サウジアラビアが毎年、数百人単位で死刑を執行している。東アジアで死刑がなされていないのは韓国のみ。日本も年間数人を執行しています。そして世界的にみても圧倒的な数の執行をしているのが今日の映画の舞台である中華人民共和国です。こちらは国家機密とされて非公表ですが、アムネスティの推計では年間数千人ともいわれています——数の多さをもって単純に「野蛮」とはいえませんが、戦争並みの多さです。劇中で描かれた被執行者の臓器売買などの問題もあります。日本で抗議運動も起こった「人体の不思議展」で、特殊加工されて展示された人体も、被執行者のものではないかとの問題もありました。

さて、ただ今ご覧いただきました映画、それ自体は劇映画ですが、実話に基づいています。数千人単位で奪われている命の一つに焦点を当て、そこから数千の命が奪われている現実を照射しようとしたのです。御承知の通り、一九四〇年代後半から中華人民共和国の歴史が始まりますが、実は中国で刑事訴訟法や刑法が出来たのは一九七九年です。契機は文革期の処刑です。夥しい数の処刑事案を洗い直したところ、冤罪が相当数あったそうです。それを契機に刑法、刑事訴訟法ができた。これまでなかった手続きが整備される一方、一九八〇年代、量刑が上がって行きます。鄧小平が改革開放路線をとる中で、経済事犯、たとえば役人の汚職などが増加したことなどに対して厳罰主義で対応しようとするのです。劇中で青年の死刑判決に対して「一〇年前の基準じゃないか」と言うシーンがあります。それはこの八〇年代の基準を指しています。ところが九〇年代に入り状況が変わる。経済成長に伴い他国との人、物の往来が進みます。そうなると余りに社会制度に格差があると困りますね。日本でもそうです。たとえばEUとの経済協定に関して人権面で色々いわれています。代用監獄や死刑（※ヘイトスピーチ）の法規制がなされていないことも項目のひとつだと聞きます。死刑があるから刑事事件の犯人引き渡し協定も結ばれないケースがあります。

さて中国に戻ります。そこで九〇年代、量刑の緩和を迫られます。劇中でもありました「人間性を尊重しよう」という方向性が打ち出され、九六年から九七年にかけて、刑法と刑事訴訟法の改定がなされます。モデルとなった事件はそのタイミングで起こったのです。改定前の刑法では、市内を引きまわした上での公開処刑、日本でいえば時代劇で出てくる「市中引き回しの上、打ち首獄門」の発想です。本作のリ・ジウ監督も、幼い時に引き回される人間をみたことがあると公開時のインタビューで語っています。もう少し説明すると、中国は二審制で、死刑事件は最高裁の承認が要るシステムになっているそうです。でも実質的には高裁にその承認が任されていた。自分が確定させた判決を自らの手で覆す。役人的にはありえないことをやってしまうのがこの映画のドラマ性

石原燃（いしはらねん）
劇作家。演劇ユニット「燈座」主宰。主な作品に、3.11後に「震災 SHINSAI:Theater for Japan」にて全米上演された短編『はっさく』、日本の植民地時代の台湾が舞台の『フォルモサ！』、「慰安婦」にされた女性を描いた一人芝居『夢を見る』、『人の香り』『父を葬る』『沈黙』など。非戦を選ぶ演劇人の会実行委員。

中村一成（なかむらいるそん）
新聞記者を経てフリー。在日朝鮮人、難民・移民を巡る問題が主テーマ。著書に『声を刻む 在日無年金訴訟をめぐる人びと』インパクト出版会、2006年、『ルポ京都朝鮮学校襲撃事件』岩波書店、2014年、共著に『ヘイトスピーチの法的研究』金尚均編、法律文化社、2014年など。「京都にんじんの会」メンバー。（撮影・中山和弘）

です。これが大量執行の一つの背景だとされて二〇〇七年、この丸投げを改めたと当局は説明しています――でも執行が減少したとは聞いていませんが。この改定時に監督は作品を構想しました。実際の事件では青年は一九九九年に執行されました。実際には違ったけど、もしかしたらあり得たかもしれない「現実」を虚構で再現したのです。そこにはいくつもの問いがあります。制度や法律が人を抑圧すること。制度や法、また社会的立場が他者の痛みへの共感性を遮断させてしまうこと。人が決める法律で絶対的な価値であるはずの命が奪われるということ――。喚起してくれる問いはたくさんあります。映画の説明はこの程度で、今日のゲストは劇作家の石原燃さんです。死刑を題材にした劇がもうすぐ上演されます。書き上げた思いなどについてお話いただきたいと思います。

石原燃　昨年、死刑を題材とした戯曲『沈黙』を書きました。戯曲は、『テアトロ』という演劇雑誌の二〇一四年一一月号に掲載されています。この戯曲が、実際に二〇〇九年に起こった鳥取県の連続不審死事件を元にした作品でしたので、同じように実在の事件を元にした映画『再生の朝に――ある裁判官の選択』のアフタートークに呼んでいただきました。

死刑を題材にした作品を書いて欲しいとの依頼を受けたのは、一昨年の暮れ。『沈黙』を上演してくださったPカンパニーの代表、林次樹さんからのお話でした。お話をいただいた時、私は「死刑廃止を前提とした作品となりますが、いいですか？」と聞きました。芝居には役者やスタッフとして多くの人が関わります。後で思想の違いから問題が起きることはありませんか、と確認をしておきたかったのです。林さんは迷わず「もちろんです。」と了承してくださったのですが、実際に書き始めてみると、私自身の問題として、死刑廃止を「前提」として作品を作ることはとても難しいことだとわかりました。

私は、当日パンフレットの挨拶文にこう書きました。

「死刑制度は廃止すべきだ。これに関しては、迷いなく言い切れる。毎年のように死刑を執行しているのは中国、北朝鮮、アメリカ、日本などわずか九国で、多くの国では死刑は事実上廃止されている。死刑を廃止しても犯罪は増えないということは証明されているし、報復によらない被害者遺族の心のケアも研究が進んでいる。犯人さえ殺せば被害者遺族の心が救われると考えるのはあまりにも短絡的だ。むしろ国家による殺人によって物事が解決したかのように刷り込まれてしまうことの方がずっと怖い。」

作品のなかでこういう議論をほとんどしなかったので、せめてパンフレットで触れておこうと書いたものですが、これがもし戦争なら、「私は戦争反対だ。なぜなら……」などとわざわざ前置きをする気持ちにはなりません。なのに、これが死刑のこととなると、なぜ反対なのか説明しておかなくてはいけないのではないかと思ってしまう。いま思うと、死刑廃止を「前提」にしようとしつつも、死刑廃止を「前提」として作品を作っても、観客に共感してもらえないのではないか、死刑廃止について理論的に説明をしておかなくてはならないのではないか、という不安が拭えなかったのだと思います。

さらに、私は死刑の問題を日常生活のなかで感じる肌感覚を持っていませんでした。唯一、小学校の卒業式の二日前に弟が急死し、子を亡くした母親の表情や、「遺族らしさ」を求める第三者の視線などについては肌感覚を持っていますが、死刑ということに特化すると、頭で考えた理論しかない。それでは、私の理論にとって都合のいい人物が、私の理論を証明するだけの作品になってしまうような気がして、かなり焦りました。

そして結局、私は実在の事件をモデルにした作品にすることを選びました。

当たり前の話ですが、実在の事件には、生きた人間が関わっています。私はその人たちに寄り添うことで、理論ではない肌感覚を得ようとしたのだと思います。

私が作品のモデルに選んだのは、「鳥取連続不審死事件」と呼ばれる事件でした。

二〇〇四年〜二〇〇九年にかけて、鳥取で男性が次々と不審な死に方をしたことに対し、彼らとつき合っていたスナック勤めの女性の関与が疑われ、逮捕。結局亡くなった男性のうち二人に対する殺人罪で起訴され、死刑判決を受けている、現在、係争中の事件です。この事件は、同時期に世田谷で似たような事件が起きたこともあり、太った中年女性がなぜ男性を次々と虜にしたのかという切り口で語られることがほとんどでした。でも、私が青木理さんの著書『誘蛾灯　鳥取連続不審死事件』を拝読してまず感じたのは、どうしようもない貧困と地方都市の疲弊感でした。死刑判決を受けている女性は、中卒で看護学校に進学したものの、すぐに退学、大阪に出てきて結婚出産するも、暴力を受けて離婚、事件当時は五人の子どもを女手ひとつで育てながら、スナックで働いていました。この学歴社会のなかで、中卒の女性がひとりで五人も子どもを育てるなんて、どれだけ大変だっただろう。彼女にとって、法律や福祉は身を守ってくれるものではなかったのではないか。そして、これは特殊な事例ではなく、同じような境遇にいる女性はほかにもたくさんいるだろうと思いました。私たちは実在の事件を元にして、フィクションの物語を描くときに、よく犯人のパーソナリティに注目しすぎてしまうことがあります。この事件も、容疑者である女性のお金への執着や嘘のつき方を強調して、男たちを翻弄する魔性の女の物語として描くこともできました。でも、犯人のパーソナリティに注目しすぎると、その背景にある貧困や差別が見えなくなることがある。刑事物のテレビドラマでは、家族を殺された復讐や、人生を狂わされた恨みが殺人の動機として描かれることが多いようですが、実際にはもっと単純な金銭トラブルや人間関係のもつれが動機であることが多いと聞いたことがあります。そして、その背景には、必ずと言っていいほど、貧困や差別の問題が横たわっている。誤解を恐れずにいえば、そうそう特殊な事件というのはないのだと思うのです。むしろ、どの事件も日常のなかにある〝普通〟の事件であり、その根底にある差別や貧困を解決しないかぎり、事件をなくすことはできないのです。それなのに、この事件もまた、貧困や差別のなかで必然的に生まれた事件でありながら、ひとりの人間を消すことですべて解決したことにしようとされている。死刑の本質的な問題を孕んでいる事件だと思いました。

それから、もう一方で、この事件には、いまの司法が抱える制度上の問題がたくさん絡んでいました。裁判員裁判の問題、警察の人質司法や、証人との取引など。詳しいことは青木さんの著書を読んでいただいたほうがいいと思うので、ここには書きませんが、これだけずさんな制度のなかで、人の命を奪う判決が決められていくことにも疑問を感じました。

この事件を作品にしようと決めてから、私は鳥取に取材に行きました。といっても、ジャーナリストでもなく、取材のツテもない私には、青木さんの著書を片手に街を歩き回り、その空気を感じるのが精一杯の取材です。ただ、私にはひとつ見たいものがありました。それは、「首切り地蔵」でした。ネットで、鳥取のことを調べているときに知って、興味を持ったのですが、ネットでは正確な場所がわからず、昔の刑場跡ならば河原だろうと、川沿いを車で流していていたら、あっけなく見つかりました。そこは、昔、藩の斬刑場で、その地域にすむ人々が刑の執行を担っていました。それは当時差別を受ける職業でした。日々、刑を執行し、遺体を片付けていた人々は、その職業から逃げることもできず、ただ石を積み、死者を弔うしかなかったのでしょう。お地蔵さんの横には、元文五年（一七四〇年）と記された題目石があります。その年、有名な百姓一揆が起き、その指導者たちが一九名処刑されたのだそうです。一揆の首謀者と言ってもただの農民です。顔見知りの人もいたかもしれない。石に刻まれた文字を見ていると、一揆の指導者たちの罪がなんなのか理解できないまま、自らの手に掛けねばならなかった人々の戸惑いが伝わってくるような気がします。そして、その戸惑いは過去のことではなく、いまも死刑制度のなかに生きている。死刑制度がある限り、執行する者の苦しみは続くのです。私は、連続不審死事件そっちのけで、「首切り地蔵」の話を聞いて回りました。この事件がまだ確定前であることを考えたら、悠長なことだったかもしれません。でも、三〇〇年近く前に生きた人たちの戸惑いや憤りが、現代を生きる私にまで届いているということは、小さい希望のように感じられ、物語の中心人物のひとりである「ママ」に石を集めさせることにしました。そして、生まれたのが以下の台詞です。（台詞のなかの「ナオミ」というのはフィクションの名前であり、子どもの数などの設定も実際の事件とは変えています。）

ママ　（石をひとつ手に取り）ナオミが客とくっつくたんびに金むしり取ってるのは知っとったに。黙っとって貢いでもらえるようなタイプじゃないでな。子どもも二人おって、女一人でやっていこうとしとったんだに。嘘くらいついてなにが悪いんな。だけど、つきあう男衆がみんな会社やめちゃってなん、びしっとしとったサラリーマンが、あっちゅう間に毛玉だらけのスウェット姿になっちゃうんだに。お金も払えんくてツケばっかりたまってって。そのうち男の奥さんが店に乗り込んできて包丁振り回してなん、挙げ句の果てに遠藤さんが自殺、哲ちゃんは事故死。ナオミに言ったに。追い込みすぎん方がいいって。そしたらナオミが言ったんな。「山本商店の社長がなん、地球は本当は丸くないって教えてくれたに、あれはほんとだと思うわ。うちらが暮らしとるのは地球の端っこで、時々人が落っこちる。いつか私も落っこちるに。」私なんにも言えんくてなん。ナオミは中学出ても行く高校がなくてなん、看護学校行ったんだに。でもすぐやめちゃってなん。いつだったか、客に看護師だって言ったら「准看だろ」って馬鹿にされたって怒っとったけんど、ナオミは准看の資格すらないでな。なにもかも嘘な。確かに端っこで生きとった。だからって私になにができる。端っこで生きてるのはナオミだけじゃないに。内側に引っ張ってやろうと思ったら、私まで一緒に落っこっちゃうでな。結局なんにもできなかったんな。ナオミを救うことも。止めることも。なんにも。地蔵の前で悔しがることしかできん。なんの力もない。嫌になる。だから、石を積むんな。現実をまっすぐ見るためになん。なにもできん人間がここにおった、その絶望を形にするんな。いいかなん、これは私の絶望だに。

最後に、今回「死刑」を題材にして作品を創った感想は、

やはり、死刑問題に対する理解がないなかで作品を創ることの難しさでした。作品を観に来てくれた友人の、「面白かった。でも、死刑はやっぱり必要だと思う。」との言葉に打ちのめされたりもしました。結局、死刑は廃止すべきなのか、残すべきなのかの議論に阻まれて、先に進めない感覚も味わいました。幸い、Pカンパニーさんはシリーズとして継続して死刑の問題を扱っていくそうなので、何人もの作家があの手この手で死刑を扱ううちに、いつしか、「死刑とはなにか」という本質的な問いに迫れるのではないかと期待しています。

私自身も、この一作をステップにして、「死刑」について考え続けたいと思います。

そして、今回作品を通して関わった鳥取連続不審死事件については、このまま刑が確定してしまうことへの危惧を表明し、動向を見守りたいと思います。

オウム真理教が為したとされる一連の裁判では、
麻原彰晃氏ら教団幹部13人の死刑が確定した。
地下鉄サリン事件を契機に強制捜査が始まり教団幹部、
そして教祖が逮捕された直後の一九九五年秋にクランクイン。
教団を内側から映し出した。
教祖が極刑間違いなしと言われている中で
なぜ彼彼女らは教団に留まるのだろうか?

監督、撮影、編集=森達也
製作、撮影、編集=安岡卓治
音楽=朴保

A

1998年/日本/135分

森達也

「A」

人はなぜここまで残虐になれるのだろう

2014年10月17日　京都シネマにて

気分が悪くならなかったですか？　特に前の座席の方。僕も久しぶりにスクリーンで見たんですけれど、確かに酔いますね。画面が揺れすぎて。そういえば公開したころは、上映終わると通路に何人か倒れていて、テロみたいな映画とよく言われました（場内笑）。

時間が三〇分弱しかないです。本来であるならばこういう映画って上映したあとに質疑応答があって、みなさん、いっぱい質問したいし、いろいろと意見も言いたいと思います。僕も聞きたい。でも「それをやってると収拾がつかなくなるので今日は質疑応答はなし」と、さっき主催者の方に言われて、慌ててしゃべることを必死に考えながら、……今もまだ考えています。しゃべりながらしゃべることを考えている。なんか哲学的な存在に自分がなったような気分です。

そもそも死刑の映画の特集で、なんで最後に『A』なのか。そう思っている方はかなりいるんじゃないかな。僕も最初に依頼されたとき、なんで『A』なんだろうって思いました。ただ個人的にはとても腑に落ちるというか、僕の内面としては整合性があるんです。『A』は発表が一九九八年です。このあと『A2』という続編というか、繋がっているわけでなく、やはりオウムをテーマにした映画を二〇〇一年に発表して、そのあとに結局、実行犯たちに僕は会い始めた。つまり、

『A』も『A2』も、撮りたいけれど撮れない人たちがいます。実際にサリン事件に加担した人ですね、麻原彰晃も含めて。拘置所はカメラを持って入れない。ならば、そこは僕のいるべき場所ではない。

当時の自分は、映像表現従事者であるとの思いが今よりも強かったから、映像を撮れないのであれば自分には意味がないと思っていました。だから裁判も傍聴しませんでした。でも『A』発表後くらいから、どちらかというと活字のほうの仕事が多くなってきて、……はっきり言って、映画ぜんぜん当たらなかった。制作費も回収できない状況で、『A2』もそうでした。とはいえ今さらテレビに戻れないし、結局、深夜帯はちょっとやったんですけど、活字から声がかかったので、書くことに比重が移ったのです。ならば僕も拘置所に行くことができる。最初は岡崎一明さん、今は宮前一明さんになっています、坂本一家殺害事件の実行犯の一人です。彼から、人を介して会いたいと連絡がきたので、会いに行きました。僕の人生で初めて会う死刑囚です。

作務衣を着て面会室に現れた。ニコニコしながら。「どうも初めまして、森さんの本は何冊か読んだし、たまにラジオで森さんの声も聞いたりしてますよ」と始まって、少し話したんですね。冗談を言い合ったり、でも、たとえば坂本さん一家の話になったら涙ぐんだり、あとは自分の家族の話。彼は母親から捨てられた、そういう境遇ですからね、そういう話になったら、ずっとこう顔を押さえていたりとか。そういったような話をしながら、ふっと思ったんです。

この人はもうすぐ死ぬんだと。

もちろん人はみんな死ぬけれど、いま目の前にいるこの人は病気で死ぬわけでもないし、事故で死ぬわけでもなく、誰かに殺されることが決定した人なんだと。もうすぐ殺される人と、いま自分は話をしている。それが何だか、急にわからなくなってしまって。……それからは、死刑って何だろうって考え始めた。それまではちゃんと考えていません。死刑があってあたりまえの国に生まれて、ずっと疑問など持たなかった。ぼくの子どもの頃って、がきデカという漫画が大ブームで、「死刑」という、こういうポーズ（こまわりくんのポーズ、

森達也（もりたつや）
映画監督・作家・明治大学特任教授。映画作品に『A2』2001年（山形国際ドキュメンタリー映画祭特別賞・市民賞）など。著書に『放送禁止歌』光文社、2003年、『死刑』朝日出版社、『自分の子どもが殺されてから言えと叫ぶ人に訊きたい』ダイヤモンド社、2013年など多数。2011年に『A3』（集英社）で講談社ノンフィクション賞を受賞。

場内笑）があります。そのレベルのままでずっと大人になって、でも、じゃあ、死刑って何だろうと考えた。人を殺すことは悪いこと。だから殺した人は殺される。今まで何の違和感も持たなかったけど、実際に死刑囚を目の前にして、急にわからなくなってしまった。わかっていない自分に気がついた。そんな感覚です。

それからたくさんの死刑囚や、この制度の関係者に会ってきて、それを今度は活字にして本にして。いろんな人に会いました。教誨師であったり、元刑務官であったり、実際にロープで吊るした人とか、死刑囚と抱き合って刑場へ見送った人、あるいは死刑囚の家族、あるいは被害者の遺族、いろんな人に会って、……まだよくわからないです。

でも少なくとも、考えるべき問題点はわかります。そのひとつは、僕たちはあまりにも死刑を知らないということ。隠され過ぎている。そして隠されていることに、ぼくたちは違和感を持たなさ過ぎる。そこに尽きます。知らなければ議論もできない。……死刑の話を始めたら、本当に長くなってしまうので、今は作品の話だけします。

その前に、そうだ、今日、僕は半病人なのですね。というのは、三日前までカンボジアに、プノンペンにいたのです。で、うだるような暑さで、帰ってきたら案の定というか、この寒さでね、同時におなかのほうもやられてしまって、かなりヘロヘロで今日大丈夫かなって思って、まあなんとか快復しつつあるので今日来たんですけども。

なぜカンボジアに行ったかと言うと、トゥール・スレンを見るためです。別名はS21。ポルポト政権において造られた強制収容所です、強制処刑場でもあります。時代は一九七〇年代、そんなに昔じゃないんです。カンボジアを五年間にわたって統治して、彼は原始共産制を目指しました。その過程でポルポト政権は、学校や銀行や商店や工場、つまり資本主義経済すべてを否定しようとしました。完全な平等体制を実現するということで、あらゆる秩序を壊します。その過程で知識人、ただしその基準はどんどん下がって、字が読める人や眼鏡している人までも含めて知識人とされたようですが、そういった人たちは片端からトゥール・スレン、もと学校なんだけど、そこに送り込んで、拷問して殺しました。二万人以上が送り込まれて、サバイバーは八人だけです。

そこを見学した後に、キリングフィールドにも行きました。そこから車で三〇分くらい。映画もあります。観た方もいますよね。そこにも行ってきて。何十万人が殺戮された場所です。今も土中には歯や骨が埋まっているそうです。そのキリングフィールドの敷地内に大きな木があります。周りに囲いがあり、子どもを殺した樹との説明が添えられています。

子供の足を持って振り回して、頭を木にぶつけるんです。その横では、当然母親が泣いて絶叫しています。これ、みんな、一般市民ですよ、殺されているのは。で、子どもを殺したあとは、その母親を兵士たちがみんなでレイプする、最後は木で殴り殺す。それも書かれていました。カンボジア全体で、はっきりした数はわからないけれど、一〇〇万人から三〇〇万人が殺されたといわれています。

なぜ人はここまで残虐になれるのだろう。誰もが思います。でもこれもホロコーストと同じです。そのときのカンボジアに、たまたま残虐な人がいっぱいいたわけではない。あるいはその当時のドイツに、冷血な人がいっぱいいたわけでもない。人はそういう存在です。何かの回路が入るか止まるかすると、ありえないほどに残虐なことができてしまう。

今のカンボジアは死刑を廃止しています。二〇〇〇年以降に行われたカンボジア特別法廷では、数人のクメールルージュの高官が裁かれました。ただしポルポトはもう死んでいます。全部で五人だったかな。イエン・サリ、キュー・サムファンなどが裁かれています。彼らはみな終身刑です、基本的には。加害者となった兵士たちはみな、今は一市民です。罪を問われませんでした。あまりにも加害者が多すぎることと、あまりにも過酷な状況、つまり殺さなかったら自分が殺されるとの状況であった、というのがその理由です。だから、プノンペンには今も、元加害者がたくさんいる。被害者遺族もたくさんいる。市民として共存しています。今年の春に公開された『アクト・オブ・キリング』、インドネシアの虐殺を描いた映画だけど、見た方はいますか？　やはり被害者数は一〇〇万人とも二〇〇万人とも言われています。それと似ています。繋がっている。同時にこの構造は、かつての大日本帝国の軍隊の行動にも共通するし、あんな無謀な戦争が起きてしまった理由にも、あるいは、まさしくオウムの犯罪とも、きっと繋がっています。共通する要素がある。

それは組織の病理です。

組織に帰属したときに人は、自分の感情とか判断力をどこかで止めてしまう。組織の思いに自分を染めてしまう、依拠してしまう。組織が正しければ、もちろん問題ないですけども、時として組織というのは、大きな間違いを犯します。でも、その間違いをなかなか訂正できない。組織は暴走するんです。そういうときに訂正すべき役割はメディアです。ところがポルポト政権下では、メディアやジャーナリズムは存在していなかったに等しい。新聞社からテレビ局まですべて解体されてしまったから。メディアがないから、チェック機能がない。だから組織は、政治権力は暴走する。

今年四月、北朝鮮に行ってきました。一週間ぐらいですけど、よど号ハイジャックの犯人たちの家に泊めてもらって、いろいろと濃い一週間だったんです。

テレビを観ました。時間はけっこう不規則なんですけど、日本のテレビでたまに見る女性アナウンサーが出てきて。新聞は日本のように宅配ではないから、街のあちこちに掲示されていて、それを読むことができます。要するにかつての中国の壁新聞ですね。朝方は市民が集まってじっと新聞を読んでいる。一緒に読みながら気づきました。社会面がないんです。ラジオ・テレビ欄もない。テレビも新聞も、ニュースはほぼすべて政治だけです。

なんで社会面がないのかって北朝鮮の人に聞いたら、「そんな事件に何の価値があるんですか」と言われて、思わず絶句しちゃったけれど、確かにその通りです。ニュースバリューの判断は難しい。しかも日本はとても事件報道が過剰です。世界的にもトップクラスですね。誰かが誰かを刺したとか刺されたとか、それが報道の大きな割合を占めている。それを読みながら、みんなとても刺激されるわけですよ。不安や恐怖が強くなる。だから厳罰化が加速する。死刑を支持する人も多くなる。

……ただ、日本は確かに行き過ぎだけど、まったく報道がないというのもどうかと思うし。さらに北朝鮮のメディアは、国営ですから、政権批判などありえないわけです、当たり前ですけどね。中国のメディア事情も近いところにある、ただ中国の場合は、ネットがかなりマスメディアを補完しています。

メディアって、やっぱりとても重要な存在です。でも、そのメディアが止まるときがある。この国でもね。

今日も館内で袴田さんの本が売られています。袴田さんの執行停止や再審については大きく報道されたし、皆さんも当然よくご存知だと思います。釈放されてから、各メディアは、なぜこれほどに杜撰な捜査が、あるいはなぜこれほどにアンフェアな判決が、などと大きく批判しました。当然です。味噌樽でみつかった服は全然サイズは合わないし、色も実は違っていた。取り調べはほとんど拷問です。だから多くのメディアは、ちょっと調べたらすぐにわかることばかりです。ちょっと調べたらすぐにわかることばかりです。

ここぞとばかりに検察あるいは裁判所批判、警察批判を繰り広げた。それはそれで間違ってはいないのだけど、当時のメディアは、一九六六年だから今からちょうど半世紀ほど前ですよね、当時のメディアは袴田さんについてどんな報道をしてたのか。記事を書き写してきました。袴田さんが重要参考人として任意同行されて、取調べを受けていた九月一八日付の毎日新聞の記事です。つまりこの時点で袴田さんはまだ容疑者です。でも記事の見出しは「不敵なうす笑い」で始まっています。

奪った金は二十万余円という。この金ほしさに、働き盛りの夫妻と将来ある中学生の長男、高校生の二女をまるで虫けらのように殺している。心理学者の言葉を借りれば『良心不在、情操欠乏の動物型』とでもいうのだろうが、動物にも愛情はある。その片りんを持ち合わせていないのだから、「悪魔のような」とはこんな人間をいうのだろう。（略）袴田はとても常人のモノサシではかりしれない異常性格者である。残虐な手口、状況証拠をつきつけられても、ガンとして二十日間も口を割らなかったしぶとさ。（略）彼の特色といえば、情操が欠け、一片の良心も持ち合わせていないが、知能だけは正常に発達していることである。（毎日新聞静岡支局長　佐々木武雄）

これは毎日新聞ですけど、他の新聞も同じようなものですね。自分がもしあの時代にいて、こんな報道に接したらどう思うかを考えてください。早くこんな奴は有罪にしろとか、死刑は当たり前だなどの世論が湧きあがって当然です。結果として警察や検察は背中を押されます。無罪も有罪にしてしまう。ない証拠も作ってしまう。

これは半世紀前です。さすがに今の報道はもう少しましになっているとは思うけれど、でも本質はあまり変わっていない。

今日見てもらった『A』の中に、不当逮捕のシーンがありました。あのとき撮りながら不思議だったのは、なぜ警察は簡単に撮影を許したのかということです。だって、ずっと近くでカメラ回しているわけですね。しかもあの警察官は、オウム信者に足払いを食わせる前に、一瞬ぼくのカメラを見ています。そのうえで足払いをかけながら頭を路上に叩きつけるように押し込んでいる。だから、ずっと不思議でした。なぜ撮られていることを承知で、あんな暴行に及んだのか。

その理由は公開時にわかります。上映が始まってから三日目ぐらいかな、四〜五人の男性が映画を観終えたあと、「あんなシーン、俺も撮ったぞ」などと言い合いながら館内から出てきたのです。僕はたまたまロビーにいたので、彼らに話しかけました。テレビのニュース番組のスタッフです。

つまりオウム報道が渦中のあの時期、いたるところで警察は不当逮捕をやっていました。そしてメディアもそれを知っていた。でも、その映像はオンエアしない。あの時期の新聞を読んでもそうですよ。図書館に本が返せなくて逮捕された信者がいます。知り合いが居住するマンションの駐車場に立ち入れば住居不法侵入。本来別件であり、微罪であり、不当な逮捕です。そのほとんどをメディアが見過ごしていた、もしくは容認していた。そういった状況の中では、権力はどんどん増大します。だから、おそらくあの警官はちらっとぼくのカメラを見たとき、テレビのスタッフだと思ったのでしょう。ならば大丈夫だ。これまでも見逃してきたのだから。そう考えて不思議はない。要するにメディアは舐められたのです。オウムのときには。こうしたことが日常茶飯事のように行なわれてきた。オウムだけで終わらない。前例は踏襲されます。あれから二〇年近く経ちますけど、いろんな形で、セキュリティ社会とか危機管理とか厳罰化とか集団化であったりとか、より一層深刻な状況に劣化しているし、メディアも同じですね。

この映画は、最初はフジテレビで放送する予定で撮り始めました。でも、フジテレビ上層部から制作中止を言い渡されて、最終的には映画になってしまった。なぜフジテレビは制作中止を言い渡したか、当時、TBS事件、坂本弁護士一家殺害事件にTBSが関与していた、……関与していたというのはちょっと語弊があるけれど、TBSのワイドショーのプロデューサーが坂本さんのインタビュー映像を、オンエアする前にオウムの幹部に見せてしまい、その結果として一家殺害に結びついてしまった。しかもTBSはそれをずっと黙っていた。これが、撮影を始めて三日目に発覚しました。メディアは大騒ぎです。TBSをあらゆるメディアが叩きます。特にテレビは激しかったですね。

このとき各メディアはTBSを叩きながら、同時に「うちもヤバイ」と思ったはずです。叩けば埃が出ると。だってオウム報道については、各局は本当に無茶苦茶でしたから。核兵器を所持していると断言するメディアも当時はありました。まったくの虚報です。でもオウムからは抗議が来ない。それどころじゃない。だからもう、やりたい放題。不安や恐怖を煽れば視聴率は上がります。これは今の、対中国、対北朝鮮の報道と同じです。その結果としてテレビ各局は、TBSを叩きながら、自らも萎縮するわけです。

そうした過程で、まずは森が撮っているドキュメンタリーは大丈夫かとの声が上がった。最初はそうした経緯だと思います。

……これは今の朝日バッシングとリンクします。現政権に対して一番批判的なメディアである朝日を叩く。叩きながら自分たちも委縮する、政権批判がやりづらくなる。もうメディアとは思えない、ジャーナリズムとは思えない。

ジャーナリズムの最大の機能は権力監視です。それが機能しない。監視して批判すれば叩かれる。とても倒錯した状況です。北朝鮮や中国のメディアも権力監視ができないけれど、多くの人はその状況についての自覚があります。ところが日本ではその自覚がない。うわべは自由な社会です。でも実質は独裁国家と同じようなメディア状況になりつつある。自覚がないままに。

……暗くなりますね。気分が鬱になります、こんなコメントばっかりしていると。でも死刑特集の上映ですから、終わってニコニコ笑って帰るわけには行かないので、仕方ないと思ってください。

この映画、最後のシーンは京都です。京都に信者はいます。今日の会場も京都です。会場に来てみたら、被写体となった荒木浩さんも来てくれていた。せっかくなので、ちょっとだけ、荒木さんにご挨拶をしてもらおうかなと思っています。

オウムは、ぼくが『A2』を撮った後に分裂します。アレフと光の輪ですね。アレフはメディア的な言い方をすれば、麻原回帰、極めて危険な原理主義。いつ、またテロを起こすかわからない、麻原奪還だけを考えている、極めて凶暴な組織の代表として、一切メディアの取材にも応じない。

その極めて危険な集団の代表の荒木さんに、話してもらいます。

荒木浩さんとの対話

荒木　……まず、私は代表じゃないです。

森　代表は誰でしたか？

荒木　自分の立場は『A』の当時と、あまり変わってないですけどね。何か、よくわからないまま……。

森　あれから、もう十何年？　十八年か。でもあまり変わらないですね。

荒木　そうですね。……当時は、死刑のこともよくわかってなかったし、みんな捕まってしまって接見も禁止になって、そんな状態だったので、教団に残った事件に関わっていない人、何もよくわかっていない人しか残されていない中で、とにかく外への対応を迫られたという状況だったので。その中で、特によくわかっていない自分がたまたま広報部に残っていた、ということだったんですね。何かみっともないですね。

森　少し補足します。荒木さんはホーリーネームを持っていません。未だにないよね、もちろん。つまり末端の信者です。じゃあ、何で末端信者が広報部の窓口になったかというと、広報は俗世と最も関わりが強い部署なので、どんどんやめちゃうんですよ。で、気がついたら、荒木さんが一番上にきていたようです。

荒木　そうですね。最初は、トップに上祐さんがいて、その下にまだ六人ぐらい先輩の信者がいて、自分は確か七番目ぐらいだったんですけど、その人たちがどんどん教団を離れていって、そのうちに上祐さんも捕まってしまって、残ったのが電話の受付だった自分だった、というところから始まりました。

森　荒木さんを広報部に置いたのは、一見純粋そうな若者を窓口にして自分たちに対してのバッシングをかわそうとした戦術だと言ってる人が、当時はたくさんいました。森はそれに乗っかってしまったバカだということらしいです。でも、ぼくから見てると、そもそも策略とか戦略とか、そんな綿密さからはとても遠い集団だとの実感を持っています。

荒木　そういうことですね、結果的には。

森　とにかく学習しない。『A2』を撮っているとき、あれは埼玉県の施設だったかな、本部から各支部に、この番号が公安に盗聴されていることがわかったので、明日からは以下の番号に変えますと、FAXで通知が来たことがあります（場内笑）。支部の信者たちはその文面を読みながら、う～んとかあれとか言っているけれど、結局は深く考えない。とても杜撰な組織です。あのときは荒木さんもいたのじゃないかな。

荒木　……かもしれません。

森　だから組織は怖い。こんな純粋で善良な若者たちが何であんな凶悪な事件を、とぼくらは思うけれど。純粋で善良でやさしいからこそ、組織に染まりやすいし、行動が意味不明になってしまう、それは歴史が何度も証明しているのに。ぼくたちはそれを学ぼうとしないですね。まあオウムは特に極端ではあるけれど。でもここには学ばなくてはいけない普遍性があります。日本人は組織とあまりにも相性が良すぎるので、組織の怖さ、共同体の怖さ、集団になることの恐ろしさということを、もっとしっかりと自覚すべきです。

『A2』撮った後に、麻原の法廷の傍聴に行きました。ちょうどここから三列目ぐらいかな、見た瞬間に、これはダメだと思いました。ずっと、同じ動作を被告席で反復しています。頭に手をやって、この辺にやって、このあたりを掻いてから、顔をくちゃっと歪めて、また頭に手をやって。……これを延々と反復しています。

動物園の動物でたまにいます。典型的な拘禁障害の症状です。休憩時間に読売の旧知の記者と話しました。彼は司法担

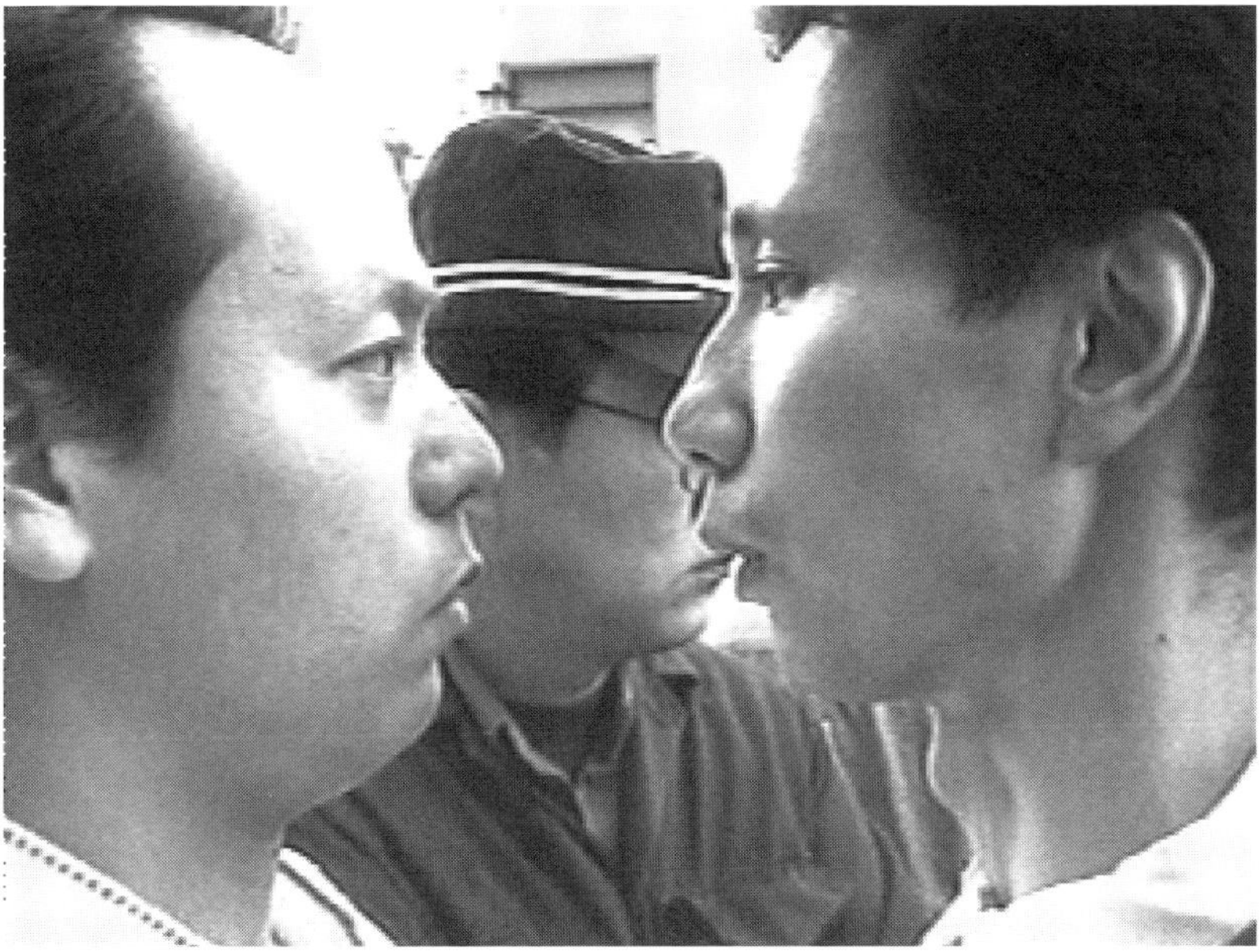
ⓒ「A」製作委員会

当だから、ほぼ毎回、麻原法廷を見ています。「麻原は精神異常を装っているのか?」と訊いたら、「いや、あれは本当にダメでしょう、オムツしていますよ。以前はしょっちゅうズボン変えてましたから」って言うのです。つまり垂れ流しだったと。麻原の意識はほぼ失われていた。僕はそう断言します。でもあそこで、裁判を止めたら、日本中からバッシングされます。麻原は早く死刑にしなければいけない。そうした世相に応える形で、麻原裁判は一審だけで終了します。二審も三審もないんです。だから事件の核心は、ほとんど明らかになっていない。

オウムの信者、確定死刑囚は十三人います、麻原入れて。今の日本の死刑囚のほぼ一割がオウムです。ぼくは、そのうちの半分に会ってきました、拘置所で。みんな、本当にいい人です。それは当たり前です。オウムだけに限らない。死刑囚って気の弱い人が多いんです。むしろ傷害とか暴行で前科何犯みたいな人のほうが、肝が据わっているというか、ふてぶてしい場合が多いけれど、死刑囚の多くは、そのときパニックになって人を殺してしまった、という人が多いんです。でも、そういう人を殺さなければならないシステムがある。それは、いったい何かとずっと考えています。ぼくの方からはこれぐらいで、荒木さん、最後に一言。

荒木　当時は何もよくわかっていなかった、と最初に言いましたが、正直に言うと、今の時点でもそれは結局あまり変わっていないのではないかという気もしています。あれだけの事件が起きて、それでも確かにわかっていないことの方が多い。裁判にしても、非常に中途半端なまま幕を引かれたという思いがとても強いんです。

森さんはよく、オウム事件以降にこの社会が大きく変質したという観点で、いろいろ発言されていますけど、自分も、あの事件が何か大きな不均衡をこの社会全体に生じさせたのではないか、ということをよく考えます。

自分自身は、今ここにこうしていられるように、直接事件に関わったわけではないし、アレフに残っている者は基本的にはそうなんですけども、ただ、教団という一つの連続した存在、アレフとして続いているオウム真理教という宗教団体がもたらした、今も収まっていない社会の大きな不均衡みたいなもの、それによって教団が抱えた負債みたいなものは、本当に……感じますね、すごく。

今の自分でも当時と違った意味でどう答えていいかわからない。今何か聞かれても、やっぱり同じように口ごもってしまうというか、そういうところを感じますね。だから……、自分の中でこうやって……、落とし前というか、そういうものをやっぱり探さなければならない、最後に帳尻は合わせなければならない、と思っています。今でも。

森　ありがとうございます。

一九五二年、「戦没者遺族援護法」が施行される。
南洋戦線で夫富樫勝男を亡くしたサキエ（左幸子）は遺族年金を請求するが、
富樫の死は「敵前逃亡による処刑」として却下される。
不服申し立てを続けるサキエは、生き残りを探しあて、真相を究明していく。
そこでサキエが知ったのは……。
戦争とは？　国家とは？　直木賞受賞作が原作の渾身の一本。

監督＝深作欣二
原作＝結城昌治
脚本＝新藤兼人
出演＝左幸子、丹波哲郎、三谷昇

軍旗はためく下に

1972年／日本／97分

「軍旗はためく下に」

太田昌国

国家の強いる死と戦没者遺族援護法

2014年10月12日　京都シネマにて

はじめに

今日の映画の延長上で話すとすれば、どうしても戦争の問題にまともに向き合わなければならないので、今日は、敗戦後の七〇年、この映画で言えば敗戦後の二七年、そうした歳月が私たちにとってどういう時間だったのか、そこで何ができて、何ができなくて現在があるのかというようなことを、みなさんと考えてみたいと思います。

昨今の日本社会の政治、経済、社会全体の状況を考えてみますと、やはり戦後史の中でありえなかったような時代状況に、私たちは今、直面しているということがまず言えると思います。現在を語るとすれば、もちろん、二〇一一年三月一一日の大震災と、それに引き続いた原発事故と、それが収束されないまま今日まで来ている三年半というその時間幅というのも、重くのしかかるわけです。そのことを最近では「ショック・ドクトリン」という言葉で、ナオミ・クラインというカナダの学者が言い表しています。人々にとって自然災害も含めて何か大きな出来事があって、ある意味放心状態になってしまう。先が見えない、はっきりした未来を掴むことができない、そういうある種の精神的な危機感や虚脱感につけ込んで、政治権力なり、経済権力を持つ人間たち、いわば支配層がどのようにして社会のまるごとの作り替えを行うものであるかということを、ナオミ・クラインは現代史の様々な事象を通して研究したわけです。

例えば、一九七三年のチリの軍事クーデタの場合が挙げられています。クーデタ後のチリには、米国の経済学者の主導によって、ネオリベラリズム（新自由主義経済政策）が導入されました。これは、現在では、現代資本主義が駆使する一番の処方箋になっています。新自由主義経済政策とは、日本で言えば八〇年代に長期政権であった中曽根が手を付けて、二〇〇〇年代に入って小泉がさらに拍車をかけ、それから数年後なぜかまた政権に舞い戻った安倍晋三なるものが今現在、さらにスピードをあげて関わっている、そういう経済政策です。それがどんな結果を生み出しているかということについては、私たちは日々の経験で学びつつあります。そこでお分かりのように、いわば、社会全体をある意味で暴力的な手段を使って、暴力的というのは別に軍隊や警察の権力行使だけではなく、経済社会の在り方、政治の仕組みを変えるにあたって、例えば議会政治があるとしても、その国会の論議を尽くして何かを討議の上に変えていくということではなくて、そこらへんをすっ飛ばした形で、与党権力の圧倒的多数を背景にして、ことを進めてしまうことを指しています。本当は様々な議論を踏まなければならないことを省略して、別の社会の仕組みに作り替えようとする、そうしたことを意味するわけです。特に安倍晋三がやろうとしていることに関しては、この言い方が適合することだと思います。そうしたことをやってしまう。あるショックを利用して、平時にはできない何事かをたくらんでいる。そういうものとして「ショック・ドクトリン」という言葉が使われているわけです。そうした状況の中に生きている二〇一四年の私たちということにも触れなければ、おそらく今日の映画というのはうまく解けないのではないかと思っています。ですから最終的に、そこらへんについても私の考えをお話しして、みなさんと話し合うことができればと思います。

太田昌国（おおたまさくに）
民族問題研究、編集者。1943年、北海道釧路市に生まれる。1960年代に『世界革命運動情報』誌（レボルト社）の編集などに携わり、1970年代半ばの数年間はラテンアメリカ諸国を放浪。帰国後、アンデスの先住民族を主体として描くボリビア・ウカウマ映画集団の作品上映運動や共同制作に取り組む一方で、現代企画室に加わり多数の人文書を企画・出版。「死刑廃止のための大道寺幸子・赤堀政夫基金」運営委員。

戦没者援護法

映画から派生する問題から始めたいと思いますが、一番柱になっている問題は、主人公である左幸子が、必ず八月一五日、いわゆる政府の言葉で言えば終戦記念日になると、厚生省に行って、自分の夫には戦没者遺族の援護法が適用されていないということで、年金がほしいということよりも、なぜ夫の戦場における死というものがそのような取り扱いを受けているのかということを究明しに行くというところから始まりました。そこで、まず引き出すことができる問題は、戦没者遺族援護法が、どういう経過の中で、いつ頃制定されて、それが日本社会の中でどういう働きをもってきたのか。もちろん、それによって給付対象となるところの、祖父が父があるいは夫が亡くなった、息子が亡くなった、そうした家族の人々にとって経済的な弔慰金が与えられたという個人の問題というのは、それに即した様々な物語があり得るだろうと思いますが、今日は、社会の中でその仕組みがどのような役割を果たしたのか、という形で、客観化してこの問題を捉えてみたいと思います。

ご存じのようにイタリア、ドイツ、日本、ファシズム三国の中で、日本が最後までいわば連合国側と戦い続けて、一九四五年に敗戦を迎えたわけです。その日本の敗戦を終着点として、第二次世界大戦、あるいは日本に即した呼び方で言えば、アジア太平洋戦争は、最終的な決着を見たわけです。そして日本は直ちに、米軍を主体とした連合国軍の占領体制の下にはいりました。GHQ（連合国総司令部）というものが東京に本部がつくられて、日本の隅々までその支配が及ぶことになります。

皆さん、いろいろな出身地の方がここにおられると思いますが、僕は北海道の釧路だったので進駐軍との接触の思い出というのはほとんどありませんでした。それこそ、彼らがやってきてチョコレートやガムをばらまいていったというようなことに、幼いときに出会うこともなく過ごしました。姿がたくさん見えたわけではないけれども、しかし、米軍兵士たちの住まいが市内にはありましたし、あまりに幼くて記憶がないだけで、もしかしたら、大人やもう少し大きくなった子どもたちには見える進駐軍の姿があったのかもしれません。そのGHQの占領統治というものが、日本社会にどのような影響があったのかというのは、今日のテーマとははずれるので、詳しくは言いませんが、とにかく、GHQというのは、彼らからしても無謀な戦争に突入していった日本軍国主義の軍事的な根を断ち切るために、あるいは社会・政治構成体としての、社会・政治的な根を断ち切るために、どのようなことをしなくてはならないかというのは、やはりかなり素早く学んでしまうわけですね。

僕は現代の米軍が行っているアフガニスタンやイラクに対する戦争の在り方と、それが例えばイラク戦争が終結したあとには、巨大な米軍の基地を作って、アメリカ大使館を作って、しばらく占領統治をやったわけですよね。あの二一世紀の現代史を見ながら、今から言えば七〇年前の日本が米軍によって統治されていた風景を様々に想像せざるを得なかった。「ああ、イラクの人々はこの占領をどう考えながら、どんなふうに捉えているんだろう」と重ね合わせながら、想像の世界ですけど考えたわけです。まず、日本の軍国主義の根を断ち切るためにやったことは、軍人恩給を停止させるということです。

明治維新国家というのは、ご存じのように、富国強兵路線を採用した。それは欧米型の国家をモデルとした考え方で、国を豊かなものにしていく、そのためには、軍隊を強くしていく、という路線でした。欧米をモデルとした場合には、欧米は世界各地を次々と支配していった帝国主義の発祥の地ですから、最も古いイギリス帝国主義をモデルとするにせよ、その後発のフランスやドイツやイタリアや、あるいはベルギーやオランダをモデルとするにしても、どの国も、彼らは近代史の発展の中で遠い外国に植民地を持った。その植民地を獲得するためにはヨーロッパ内部の列強と激しい植民地争奪戦を繰り広げて、その軍事力によって担保された力が植民地獲得を可能としたわけです。

それが、ヨーロッパ近代の繁栄した時代を作り上げたということをモデルにしたら、やはり国を富ませるためには兵力を増強し、場合によっては近隣の諸国を植民化して、そして必要とあらば侵略戦争を展開して、自分の国にはない原材料、様々な鉱物資源にしても農業資源にしても、それを持っている国々を征服することに行きついたのです。その史実に即して、日本という近代国家、明治維新によってようやく成立した近代国家の路線を定めていくしかない——当時の為政者たちはそのように考えたわけです。そのためにフランスの軍隊をモデルとして整備して、直ちに自分たちがペリーから行われた砲艦外交を韓国に対して行う。そして、軍事力を背景にして近隣諸国へ脅しをかけていくという政治を始めたわけです。それがやがて、一九世紀末には、朝鮮半島を戦場として朝鮮の支配をかけて中国と争う日清戦争となり、だんだんと進みゆく日本の朝鮮支配に対して抵抗しようとした義兵闘争が闘われると、これに対する鎮圧を行い、同時に帝政ロシアと日露戦争を行い、やがて韓国を併合するに至る。

第一次世界大戦にも参画し、さらには一九一七年のロシア革命を契機にして、このロシア革命を潰そうとして干渉戦争を行います。そこで、日本は直ちにシベリアにも出兵させ、列強がヨーロッパ戦線からもシベリア東部戦線からも、一番長く一九二三年まで日本はシベリアに軍隊を駐留させました。近代日本というのは、日清戦争から数えてわずか二〇年の内に日清・日露・義兵闘争弾圧・朝鮮軍を解体しての韓国併合・第一次大戦・シベリア出兵――このように、いくつもの戦争を積み重ねてきたんです。ですから当然、富国強兵という理念を実行に移して兵士たちに死をも厭わない精神を教え込み、命令を下してその通りに動かすためには、どうしても軍人恩給という制度を必要としました。もし不幸にして戦場で亡くなった兵士がいた場合、その遺族に経済的に報い、戦死した兵士の栄誉をたたえる。そういう仕組みとしての軍人恩給がなければならなかった。そういうわけで、その制度が非常にはっきりとした形でできあがっていたわけですね。

占領統治を開始した連合国軍側は、それが軍人と遺族に対する非常に手厚い経済的保護政策であり、それが、強固な旧日本軍の、経済的・心理的動機にもなっていた事実を見抜いた。その軍人恩給制度というものを廃止させることで、軍人が、あるいはその遺族が経済的に享受できていた特権性を廃止するという方向性を出すわけです。

確かに、仮に夫あるいは父や息子が戦死した場合に、その家庭が経済的困窮に見舞われるのは、ある意味で当たり前であるだろう。しかしそれは、社会全体の社会保障的な枠組みの中で考えれば良い、軍人だからといって特別扱いするべきではない、というのが占領軍の基本的な考え方であって、それを覚え書きとして指令したわけです。ですから、一九四五年八月以降の段階でそのような経済的システムというのは、一旦この社会から消えるわけです。

戦争責任と天皇制

しかしご存じのように、日本は一九四五年以降の過程において、戦争責任の問題に全体として心から向き合うということがなかった。連合国による東京裁判が行われ一定の人間たちに対する裁きは行われたわけですが、しかしそれはどのような意味においても、日本の民衆による主体的な裁きではなかったし、しかも東京裁判においては客観的に見れば、あの戦争の最高責任者であった昭和天皇ヒロヒトの責任を問うことが無視されたわけですから。別の言葉で言えば免罪されたわけですから。

あの戦前の日本社会において神とも崇められるような絶対的権威をふるって社会全体に君臨していた天皇。人々がそのための様々な教育を受け、今日の映画にも出てきたように「天皇陛下のために」というような言葉を多くの兵士たちが口にしながら、無残な死を遂げていった。そういう価値観の下で、戦前の社会を強固につくりあげてきたわけですが、それに少しでも抵抗、反抗するものは投獄され、あるいは命を落としたわけですから、その支配体制というものは、極めて強固なものであったわけです。

では、その最高位に位置した天皇がなぜ免罪されるのかと考えたときに、おそらく多くの日本人、それは僕らの祖父母の世代であり、あらためてどういう気持ちであったのかということを、僕の両親は亡くなっていますが、あらためてこの問題に直面するためには、そんな問いも発せざるを得ない。しかし様々な文章、記録などからすれば、やはり天皇が免罪されるということは、それは全ての民にとっても責任はなかったのだ、という結論へ行きつく。あれだけの最高責任者が責任を問われないのであればそれは誰の罪でもないという形で、戦後社会は精神的に出発してしまったのです。当時の様々な知識人、作家が書いた本を読んでも、あるいは庶民が書いた回想録を読んでも、そのあたりの戦争責任への向かい方が実に希薄であるというのは、おそらく例外なくみなさんが持たれる思いではないかと思います。

僕も学生時代は、その時代がどうしてそのように始まったのかということは、非常に関心があったので、思想の科学研究会がやった『転向』という大部の共同研究の本とかを一生懸命読んだ記憶がありますが、作家や知識人のレベルであっても戦争責任に向かい合って考えた人は本当に数えるほどであった。昔、あの軍国主義のもとでの翼賛的な社会の趨勢に荷担してきた人間たちの多くは、戦後はすぐアメリカ型の進歩主義的な人間に変わる。あるいはソ連を丸ごと信奉する左翼共産主義者に早変わりし、そうした極めて早い精神的変化《へんげ》というものを遂げてしまうわけですね。例えば、僕の好きな劇作家で言えば、三好十郎は、彼は戦前は左翼でしたが、戦時下で少し立場を変える。別にファシストにはならなかったと思いますが、しかし彼は戦後になってあの時代を振り返ってみて、自分のような人間もやはりあの戦争にどこかで荷担してしまっていたという振り返り方をするわけですが、それは本当に数少ない例であって、みんな非常に早変わりしてしまうわけです。それは敗戦の日以後二重橋にぬかずいて、皇居に向かって頭を垂れて申しわけなかった、私たちの力不足で日本は負けてしまいましたと、天皇に向かって謝罪をする日本人が少なからずいた。天皇の8・15のあの宣言で、あれだけ徹底的に抵抗していた戦争をみんながやめた。そのある種、一斉にそうなっていく日本社会の傾向、あのような無残な結果になってなお、客観的な最高責任者の城にぬかずいて、自分の過ちのゆるしを請うという姿。それを見て、マッカーサーたちは、戦後の占領統治を成功裏に遂げるためには、天皇の力を利用するにしくはない、と考えた。むしろ、天皇のこの不思議な力を利用した方が、戦後の日本の占領統治はうまくいくだろうというふうに、ある瞬間にマッカーサーたちは見抜いたんですね。ですから、彼らは敢えて天皇の訴追を止めた。どのように、彼がむしろ占領統治に潔く協力するか、ヒロヒトのメンタリティがそのように変わっていく方向をどのように用意するかというふうになっていくわけです。

ですから敗戦後の一九四七年には、昭和天皇は占領した米軍に対して、沖縄は三〇年でも五〇年でもいいように統治をしてもらったらいいというような意向を側近を通じて漏らすわけです。現在敗戦後六九年目を迎えている沖縄に、あれだけの過大な基地負担の状況が続いているということは、もちろん琉球処分という恐ろしい言葉で言われる、一八七九年の明治維新から一一年後の琉球王国を近代国家日本に組み入れてしまう、そのような時代まで遡って考えるべきことも多々ありますけども、戦後体制の問題としては、やはり天皇メッセージというものが沖縄の現在に至る運命を定めてしまったというふうに考えなければならないだろう。そのような出発点があったわけですね。ですから戦前の日本軍国主義を支えた官僚体制も、さほど傷つかずに戦後社会の中に納まっていくわけです。

そして、映画の台詞の中にもありましたが、A級戦犯がすぐ議員になって返り咲く。岸信介においては、敗戦後一四年の段階で首相になる。賀屋興宣という自民党の政治家もおりましたし、戦争中に政府の要職にあって、連合国からすれば戦犯であると認定された人たちが、日本社会の中で政治的に早く返り咲くことができた。これはやはり、誰も責任を取らないで、今度は新しい社会の中で利権を漁りながら強い政治権力の座に近づいていった。そのような生き方を許してしまった社会全体に、もちろん責任はあるわけです。岸信介や賀屋興宣の責任はもとより、しかしそのような人間が跋扈することを許してしまった戦後日本社会というのは何なのか、ということを考えなければならないのです。

そして、敗戦から六年経って、一九五一年に連合国側は、日本の占領統治をやめて、独立に向かわせようと、サンフランシスコ講和条約が締結されます。そして、翌一九五二年四月二八日に発効し、日本は占領統治を解かれて独立するわけです。その日は、同時に日米安保条約が結ばれた日でもあった。つまりアメリカ合衆国という占領統治の圧倒的主役を担った世界一の超大国は、占領した日本を簡単に手放すつもりはなかった。七年経ったから独立して勝手にやっていきなさいではなく、軍事同盟条約で縛り付けて、日本中にある軍事基地をどのように巧みに利用するかという条件を確保した。それが日米安保条約となって締結され、その重荷は先程沖縄について言ったように、今なお日本社会を縛り続けている。本当はこれは、どちらかの政府が通告すれば一年後には破棄できる条約ですから、世界最強の軍隊を持つアメリカと経済力では世界第三位で、軍備力も驚くべき規模になった日本が、軍事的に結びつくということが世界にとってどれほどの悪夢であるのかということを、冷静に考える政権が幸いにして成立したならば、これはすぐにも破棄して別の平和を求めるための政策を実現する、そういう動きを始めなければならないくらいの大変な同盟条約です。しかしそれは、今なおこの社会を縛り付けて、六〇年たってしまったわけですね。

日本独立とともに復活した軍人社会

そこで、今日の問題に戻りますが、戦傷病者戦没者遺族等援護法というものが成立したのはその一九五二年三月です。ですから、サンフランシスコ講和条約の発効の一カ月前、もう日本の独立が担保されている、もう独自の議会と政府をもって今後自立的に日本人による社会運営が始まるということが約束された段階では、すでに戦前体制から生き残っていた官僚たちと、先程説明した日清・日露戦争の過程の中で作られてきた一つの軍人社会、それは帝国軍を形成する母体であったわけですが、その流れをくむ軍人たちの家族、あるいは生き残った軍人たちは占領統治が解かれると同時に、戦前のような戦没者遺族を援護する特別法をすぐ制定するべく、着々と準備をしていたわけです。そして成立したのが一九五二年三月、公布したのは四月三〇日、つまり独立の二日後です。戦没者遺族援護法というものが正式発効したのが独立した二日後であるという、実に微妙なタイミングになっている。

その後五〇年代を通じて恩給法の改定等、どれほど手厚く遺族を援護するかということに向けた法的な整備が行われていくわけです。

それから、東京にお住まいでない方でも九段会館というのは何らかの形でお聞きになったことがあると思いますが、靖国神社のすぐ側にある旧軍人会館。それは、すぐに形成された日本遺族会に一九五三年に無償貸与するということがすぐに始まります。ですから、いろんな形で戦争に参加して命を落とした軍人たち、あるいは傷病兵たち、その人たちは本人はもちろん、最終的には、優先順位が高位の人たちが亡くなっている場合には孫の代まで年金は給付対象になるんですが、その整備が進んでいく、そういう時代の流れとして捉える必要があると思います。

これは、一般的な社会保障費とは隔絶した扱いとして、また戦前と同じように逆戻りしていくわけです。自民党政権下で、今、安倍政権下でもそうですが、予算の切り詰めが問題になると必ず社会保障費を削るというような話になります。消費税の八%の値上げの時には、すべてこれは社会保障費に振り当てると、この嘘つきは平気でどんな場合にも言うんですが、そういうふうに言いながら、しかしそうはなっていないということで、お分かりのように必ず自民党的な立場からすれば、社会保障というのは一番カットしやすい予算項目になっているんですね。ですから軍人恩給的なものを、そうやって手厚くやっていくというのは、全く社会保障費に対する考え方と逆行しているんです。これはどういう考え方に基づくかというと、やはり旧軍隊が行った戦争というもの、それが尊いものであったとする。価値観の転倒がないんです。もちろん自民党的に発想するのであれば、映画の最後のクレジットに出てきたように、三一〇万人の人が死んだという国内的な戦死者のことを考えるのでもいいですよ。しかし、そうだとしてもあの戦争が一体何であったのか。明治維新国家という日本にとっての近代国家が形成されて以降の度重なる戦争による死者というのは、どういう政策のもと、何故生まれたのかということを反省する視点が欠落しているんですね。ですから、死者を悼むにあたって、国民のために貴い犠牲となった人たち、それは特別扱いされるべきであるという、牢固たる考え方があるわけです。

近代国家はどの国も、大変大きな間違いを、一つ一つの国に即して語っていけば犯すだろうと思いますが、大事なことは大きな間違いを犯した後で、一体どういう取り戻し方ができるか、どういう間違った政策の変更ができるか、そして、無残な死を他民族に強いたとすれば、それに向かってどのような謝罪をするのか、どういう補償をするのか、戦死した国内の兵士がいたとすれば、その人たちにその遺族たちにどのような言葉をもって、何を語るのか、そういうことが問われなければならないわけですが、これは日本の戦後史を考えるときに一貫して問われなかった。

ですから、明治以降の国家の一つの基本方針であった富国強兵という考え方からすれば、国のために戦って戦地で死んだ兵士たち、傷病兵たちその人たちこそ、手厚く援護を続けなければならない、そういう基本路線がそこで定まっただろうというふうに思います。それは戦争を基本的に否定する論理ではないわけです。どんなに間違った戦争を自分の国が行ったとしても、それを否定的に捉えて、別の言葉を語り、別の形での社会保障的な枠組みのなかで戦死者遺族に対する何かの法律的枠組みをつくるのであれば、それはそれで、社会保障的な観点から言えば避けられないことでしょう。それだったら、多くの人も納得できる仕組みができるかもしれない。しかし戦後社会がやってきたのは、そうではなかった。軍人であるから、戦死したから優先的に、遙かに高い経済的な手当てを受けなければならないということだったのです。

これは、たくさん統計があって、僕もまだ比較検討することができてないのですが、軍隊のなかでの最高クラスであると、年間七～八百万円の年金です。一番下層の兵士でも一五〇～六〇万。それが私たちの日常感覚からいって、どれほどのものであるかというのは、おわかりになりますね。ですから、一九五二年に戦没者遺族援護法が制定されて以降約六〇年の間に、総額五〇兆円の資金がそこに投入されている。この数字の根拠はおわかりになると思います。

対象者は三〇〇万人以上であるわけですから。高位の継承者が死に絶えたら、もう一代続くために、孫や甥と姪までが継承できるような法律改正も行われているわけです。今もし、それに該当する方がおられたら、その方に対する個人的な言い方としてではなくて、そういう仕組みを作った社会全体の問題として聞いていただきたいんですけど、今、現役のお孫さんのなかにもそういう手当を受けておられる方は、充分世代的にはおられるだろうと思うわけです。ですから、自民党が遺族会という票田をいつまでも手放したくないということで、自民党の中でも有力な政治家が遺族会の会長になってきました。いくつかの顔を思い浮かべると、ああ、そういうものとして機能してきたんだな、ということがおわかりになると思います。

別な観点からも観ておきたいと思います。経済企画庁が「もはや戦後ではない」と言ったのは一九五六年です。わずか、敗戦から一一年目の年です。しかしそれは、一九五〇年から五三年まで戦われた朝鮮戦争の特需が大きな要因であったということは、戦後経済史の常識です。その景気を挟んでみれば、五六年に経済企画庁がそのように豪語したという根拠というものは、それ一つとってもわかると思います。

日本はあれだけ無謀な戦争を行って、各地にたくさんの被害を与え、戦争に敗北し賠償を払わなければならないという立場に置かれたわけです。朝鮮半島の場合は四八年の段階で、南北に分断され、中国も、中国と台湾という二つに分かれた形になっているので、そこも難しいのですが、フィリピン、ベトナム、カンボジア、インドネシア、今日の映画にあったパプアニューギニア、そのように広くアジア太平洋地域に対する戦時賠償というのが問題になるわけです。これは米国が各国政府に対して、日本は今後東アジアの反共の要にならなければならない、いま日本は、あなたたちの国がまっとうな額の賠償を求めたら、それに耐えうるような経済力は持っていない。だから見返りの援助は様々にアメリカが行うから、対日賠償請求額を極力抑えろ。という工作を行いました。それはもちろん、日本の敗戦の四年後には中国革命がおきて、北京に社会主義政権が樹立した。五〇年から五三年には、朝鮮戦争が戦われて、社会主義を唱えるキム・イルソンの北が韓国を飲み込む寸前までいった。ベトナムにも社会主義政権ができている。このように、ソ連から地続きの中国、朝鮮、ベトナムが全て社会主義になってしまえば、この後韓国や日本、フィリピン、南ベトナムが社会主義に丸呑みされるのは明かだと、当時の米国国務長官ダレスが言い、これを食い止める根拠地の一つが、韓国であり、日本であったわけです。

米国は、沖縄にはたくさんの基地をすでに持っていたし、占領統治の過程の中で日本の各地にも米軍基地を持ち、それを最大限活用する根拠地として使うために、日本を経済的に疲弊させてはいけない。これはアメリカ的には当然の論理であった。

そのようにしてアジアからの賠償請求額も押さえられた。朝鮮戦争があった。特需景気に沸いた、そういう形で、一九六〇年代の高度経済成長期に日本は突入していくわけです。新幹線が開通したり、東京オリンピックが開かれたりというのが、いわば高度経済成長の一つの集中的な表現でした。その後の六〇年代、今度は米軍が関わるベトナム戦争を特需景気として、日本はますます経済発展の道を進んでいくわけです。

六三年「戦没者の妻に対する特別給付金支給法」が、六五年は「戦没者等の遺族に対する特別弔慰金支給法」、この段階で給付対象範囲を兄弟姉妹に拡大していきます。六六年には「戦傷病者等の妻に対する特別給付金支給法」。戦没者、戦傷病者、いろいろ変えていくわけですね。戦争で亡くなった人、戦争で負傷して病者になった人、今度はまた、「戦没者の父母等に対する特別給付金支給法」。直接的な給与者が死んだとしても、それに変わる人が次から次へとその恩恵に浴することができるという法律整備が六〇年代に行われていくわけです。この問題が、今日の映画の大きな背景としてあったということを一つ押さえておきたいと思います。

反省なき復活

それから、全国戦没者追悼式というものも冒頭の場面とラストに近い場面で出てきました。この最初の開催は、やはり一九五二年サンフランシスコ講和条約発効の年です。発効してから五日後の五月二日。最初の全国戦没者追悼式が開催されます。ですから、五二年というのは、戦没者遺族への援護法ができる年でもあり、占領体制が解かれて独立した年でもありますから、戦後史の中の大きな変わり目です。しかし、その大きな変わり目に、戦争を反省し、否定した上に新しい社会を作り替えていくという努力が同時に始まった転換点であれば、これほどひどい社会が七〇年後の今実現しているということはなかったかもしれませんが、残念ながら、その大きな転機になったサンフランシスコ講和条約発効の年は、いわば戦争を反省しない、否定しない、ある意味はっきり言えば、肯定する。だからそこで戦った兵士たちを顕彰する、経済的に支える、そういうメンタリティを持った様々な動きがいっきに花咲いてしまった年でもあったということになります。戦没者追悼式が最終的に毎年開催になるのは、一九六三年です。もう五〇年続いているということになります。そこには例外なく天皇皇后が出席し、今日映画で聞いたような「お言葉」なるものを発しています。そこで語られることもまた、常に、日本国内で生み出された死者の数である。その時代その時代の首相も挨拶を行いますが、アジアの国々の死者に対して言及した首相はきわめて少なく、例外的なものでしかなかった。常にそれは内向きの、日本国の死者、とりわけ軍人死者の数なのです。原爆で亡くなった、あるいは都市大空襲で亡くなった人々というよりは、帝国軍人で亡くなった人を追悼する場としての言葉が貫かれている。この六三年は、他にも時代的特徴があって、千円札の肖像が聖徳太子から伊藤博文になった年であり、林房雄という転向作家が『大東亜戦争肯定論』を出版した年でもある。そういう意味で、一九六三年というのは戦後史中での大きな変わり目を意味しているのではないかと思います。

六〇年代にはその後、戦没者叙勲というのも始まります。戦没者に対して勲章を与えるという、戦前の制度が復活する。建国記念の日、二月一一日が制定される。一九六八年には明治一〇〇年記念式典が行われる。明治一〇〇年記念式典というのはもちろん、明治維新以降の日本の近代史を捉えるためには、どういう方法が必要なのかという意味では一八六八年のとらえ方というのは、非常に重大な問題を孕んでいる。歴史観がそこではっきり対立するくらいの、近代日本にとっての一つの節目であることは事実なんですが、当時の政府が使った言葉は、明治一〇〇年記念式典ですから、やはり戦争に次ぐ戦争であった明治維新国家の後半部、その歴史をどう振り返るかという視点はほぼ欠如した、そういうものの言い方であっただろうと思います。

このように、今日の映画の背景である遺族に対する援護法という問題と、全国戦没者追悼式典という二つのものが持っている戦後の意味合いについて、かなり客観的に批判的に捉えなければならないだろうと僕自身は思いながら、映画を見ていました。これは国内の死者、日本帝国の人間であって軍人である、あるいは軍人の遺族であるその物語として完結した言い方です。ですから、映画の最後のクレジットに三一〇万人の死者があの戦争でうまれたという物語の終結の仕方があったわけですが、にもかかわらず、こういう問題が孕まれているということで、今私が話したことを一つの参考にしていただければ、と思うわけですね。

この映画が描かなかったもの

では、今日の映画が描かなかったことは何なのか。それはテーマ設定が先程のようなことでありましたから、映画が描いていないと言って批判するのは正当かどうかというのは議論の分かれるところかもしれませんが、それは別の問題として、描かれていない問題というのは日本が明治以降の過程の中で、植民地支配を行って、その植民地における人々を軍人として徴用した場合、日本兵として当然、あの時代の中では死んでいったわけですが、その人たちに対して、遺族援護法というのは、どのように機能してきたのか。そういう問題です。日本の様々な法律の中には、国籍条項が必ずついていて、この法律の対象は「日本国籍を有するものに限る」ということが注意深く書き込まれています。これは法律立案にあたる高級官僚たちの悪知恵です。ですから、朝鮮人、あるいは台湾人が軍人として亡くなっていた場合に補償の対象外であるということがあらかじめ設定されているわけです。

この問題を今なお、続いている様々な法律的な条項規定の問題としてどのように考えるのか。このことは映画が描かなかった問題として私たちとしては考えていかなければならない、重大な問題として残るだろうと思います。

ⓒ東宝

あと、軍人ではない死者、それは広島・長崎はもちろん、主に大都市中心に、B29による空襲でのたくさんの死者に対する補償はどうなっているのか。原爆に関しては不十分ではありますが、一定のことは行われたとしても、今も、例えば東京大空襲を受けた人たちは国家賠償を請求して裁判をおこしても、軍人ではないから、国を挙げて行っていた戦争の中でおこった被災であるから、それは甘んじて受けなければならないという論理を国としてはこの間展開してきているわけです。これも軍人恩給の手厚さと比べ、一般の民間人の死者というのは、どのように扱われているのかというのは、この国の社会の一つの価値観としてはっきりとそこに、答えが出されているわけですね。ここでもやはり、この対比の中ではっきりわかることは、いかに軍人とその遺族が特別に援護されているかということです。私たちがこのからくりに気付くことは、なかなか難しいのですが、このような仕組みの中にその性格が貫かれているということは見ておかなければならないと思います。

ですから、戦後過程の中では、台湾や韓国の傷病兵たちが何度も日本国家を訴えて、補償請求を行うという裁判をおこしています。今現在、例えば一九九二年からは日本軍の慰安婦として働かされた韓国をはじめ、フィリピン、オランダ、中国など様々な国の女性たちが謝罪と国家賠償を求めて裁判をおこしましたが、国内での裁判はことごとく敗北しています。これについてよく日本国内で「一体いつまで謝り続ければいいんだ」「いったいいつまで、そんな方々は、昔のことを言ってくるんだ」という声があたかもあがっているかのように、社会の中では現象していくわけですけども、しかしそれは、過去七〇年間、日本は国家としてその責任をとってこなかったわけですから、先程から述べている戦没者遺族に対する手厚い援護法は、日本国籍を持つものにだけ適応してきたわけですから、対象外の旧植民地の人たちが、大勢いるわけです。それらの人々にとっての戦後史というのは、日本国家は何もしなかったという戦後史であるから、今のような時代になってそのような声が上がるというのは避けられないことです。

一九九二年、この象徴的な年は、金学順《キムハクスン》さんという韓国の女性が元慰安婦であるといって提訴した年です。これは時代的な状況というのがあって、一つ考えなければならないのは、アジアにとって、戦後時代の中で、相対的に平和な生活を営んできたのは、ほぼ日本に限定される。朝鮮は日本の占領体制から解放された直後、ソ連と米国の朝鮮半島をめぐる綱引きによって、南北に分断される中で、朝鮮戦争が三年間続いた、中国では、日本の侵略に対して合作をやった国民党と共産党が、日本の敗戦とともに、内戦が続いた。その後、負けた国民党が台湾にこもることによって、中国本土と台湾との間に常に、軍事的・政治的な緊張があった。ベトナムでは占領した日本軍が行った米の強制的な徴発によって何百万人もの餓死者が出たと伝えられてますが、そのベトナムも、インドシナ半島は戦乱の中にありました。ベトナムは五四年にフランス植民地軍をディエンビエンフーで破ったと思ったら、今度はアメリカがやってきて、そのアメリカ軍とのあの七五年まで続く戦いに入っていくわけです。

そのように、アジアの他の国々にとっての戦後世界は長く引き続く内戦なり、あるいは、日本を基地として飛び立った米国の山野を焼き尽くすナパーム弾の被害を受けていた。だから心休まるときはなかったんです。この地域の人びとは、日本軍が行った様々なことの記憶は鮮やかだし、謝罪なり賠償請求ができるに超したことはないと思い続けていたでしょうが。それができるような状況ではなかった。そして、一九九〇年代に入って、ソ連が崩壊することによって、東西冷戦という一つの大きな重しが取れた。戦後世界は、米ソ対立によって東西冷戦というのが一番大きな重しでしたから、東西冷戦がなくなると、今まで押さえつけられてきた様々な矛盾が吹き出たんです。それから韓国のように、長いこと軍事独裁体制が続いて、もちろんその体制の下で、人々は自分の思いを公然と口を開くことはできなかった。少しでも反政府的な言論を吐くものは、最悪の場合は死刑になった。そういう時代が長く続いていました。フィリピンもマルコスという独裁体制があったし、南ベトナムもゴー・ジンジェム政権があった。そのように人々がその国の中で口を開くことができなかった。ましてや対外的に何かを言うなんて、余裕はありえなかったんですね。それらの戦後世界が様々に抱えていた矛盾がかなり崩壊したというのが一九九〇年以降の過程だったと思います。

東西冷戦がなくなり、様々な国の軍事体制が、もう少し遡るんですが、体制が崩壊して民主化の過程が進んだ。同時期に行われた米軍を主体としたペルシャ湾岸での戦争になって、日本は自衛隊こそ派遣しなかったけれども、一三〇億ドルもの軍資金を米軍に提供したと報道された。それらが全部同じ時期だったんです。私たちをあれだけ痛めつけた日本は、これほどまでの巨額のお金を、戦争を行うアメリカを援助するために出すことができるんだ。そういう現実がはっきりとアジアの人々にわかったんです。もう、アジアの貧しい国もテレビが普及していたし、湾岸戦争の国際情勢の中でどのような戦争が行われ、日本がそこで経済的に荷担したのかということも広く報道されたわけです。ですから、自由を得た、自分の思うことを言うことができる、というふうになったときに、じゃああの四五年前の戦争の時、日本軍は一体自分たちの体に何をしたのか、何を刻み込んだのか、という記憶が吹き出て、このような時代を迎えるというのは、客観的には合理的な説明のつくことです。日本の社会に生きるものが、「いまさら、何だ」と言ってはいけないくらいの性格の問題がここには孕まれていると考えなければならない。このような責任を一つ一つ果たしてこなかった戦後六九年であったから、今なおアジアとの間に、政府間というのはいろんな妥協もありますから、例えば政府間といえば、一九六五年に、当時の日本政府は韓国の朴正熙《パクチョンヒ》政権とは、経済協力金という名で、多額の資金を供与して国交正常化を行っているわけです。国と国との政府との間ではそういうことはあり得る。その時の政府の性格によっては、あるいはその資金を供給する側の政府の思惑によっては、それは最終的な解決に届かない場合があり得るわけです。

民衆レベルでの本当の和解が進むためには、政府のレベルとは違った形で私たちの社会がもう一つ変わっていかなければならない。そういう要素が必要だと僕自身は考えています。

ですから、この間もいわゆる慰安婦の問題をめぐって大変大きな問題が起こっている。今は対外的な問題というよりもむしろ日本国内の問題で、朝日新聞が一九八二年に大阪本社版で行った吉田清治さんの証言に基づいた記事を取り消しただけで、あたかも慰安婦制度がなかったかのように、あるいは、慰安婦制度そのものに、日本軍の関与、したがって日本政府の国家責任を伴った関与がなかったかのようなニュース報道が、サンケイ、読売、テレビ報道を中心に行われた。これも、慰安婦制度の本質が一体どこにあったのかということを冷静に眺め、調べていけばありえない言論が今、この社会を押しつぶしているんです。ことは朝日新聞だけの問題ではなくて、アジアとの関係を正常なものに回復していかなければならないこの時に、今なお私たちが今、一カ月半接してきたような情報がこの社会には溢れている。もちろんその頂点には、私は敢えて極右政権と名付けていますが、現在の政権の存在があるわけです。この政権の存在に元気づけられ、励まされた人々が、この何らの論理的、原理的根拠のない言論を発動して湧き上がっているわけです。で、首相も本音はそこにあるから、首相の座としての責任の在処から行って、対外的にはそこまで言えないから、時々言葉を控えることはあるけれども、彼の本音はどこにあるかというのは、今までの様々に伝えられてきた彼の言動で、私たちは知っているわけです。彼が、来年の敗戦七〇年に向けて、あの戦争の反省を心を込めて行い、否定的な総括を行い、アジアの人々に謝罪し、遅ればせながら補償問題を解決するという方針を出す可能性はゼロです。むしろ逆です。河野談話は否定しないと首相は言う、そうすると自民党総裁の特別補佐官がもう朝日新聞の誤報で論拠は崩れた、このまま骨抜きにすればいいと語る。ちゃんと本音を言ってくれる人が、特別補佐官としているんです。だから、国内の勢力はその言葉によってなだめておいて、対外的にはもう少しやわらかなメッセージを使っている。その二枚舌を今の政府は臆面もなく様々な問題に関してやっているのです。原発問題に関しても、何に関しても。で、おそらく時代は、結城昌治が『軍旗はためく下に』を書いた一九七一年、深作がこれを映画化した一九七二年とも、ちょっと桁違いに危機的になっているというのが、あの映画が作られてから四〇数年経った今の時代状況だと思います。

今日、最初申し上げたように、今日僕は三度目見ました。あの中の映画の完結性としてはみごとだというふうに思いますが、そして七二年の段階では天皇制についてあるいは、全国戦没者記念式典に関して、これだけの表現をする映画作家がいたんだと、いう意味での感慨はありましたけど、しかし現実に我々が生きている時代状況は、あの時以上に悪化していて、一体これはどうしたものか。これはやはり今日の話の元に戻ると思います。戦後の出発点をいくら間違っていたからと言って、それを新たに繰り返すことはできない。一九四五年に立ち戻って歴史をやり直すことはできない。私たちはやはりこの七〇年のどこで、何を間違ってきたのか、遅ればせながらできることは何なのか。残念ながら、そういう発想でしか考えられないと思うんですね。しかし、遅ればせながらと言いながら、この機会を逸してしまってはますます立ち直り方は難しくなっていく、不可能になっていく。だから、今この機を捉えてどういう言動を私たちは行っていかなければならないのか、どういう言葉による批判を、あるいは行動による新たな展開をしていかなければならないのかということを、いろんな角度から触発される、そういう作品としてこれからしばらく、みなさんとお話できればいいなと思います。

深作は、翌年は「仁義なき戦い」を撮り、九七年に紫綬褒章を受ける。二〇〇三年には勲四等旭日小綬章、こんな映画作っといて、そこに行くなよと思う気持ちがどうしてもあります。こういう曖昧さが一人一人の中からふっきれないかぎり、この社会が変わっていくことはなかなか難しいかもしれないですね。

質疑応答から

H　僕もこの映画を知ったのは、三〇数年前ですが、それは確か、この映画が作られたときに、キネマ旬報のベスト10に入っていた。今回はじめて見て想像以上の力作でした。役者に関しても、実年齢よりも上の世代を演じているものの、何らかの戦争体験があり、リアリティがある。特に左幸子は有数の女優さんで。死刑のことに関連して言うと、国が人を殺せと言っている戦争状態の中で、「おまえ人を殺したらあかんやろ」ということで死刑にするということが描かれていたんですが、映画の中では、殺人を犯したから死刑になること自体は、それほど問題視していないようにも見えたんですが、その当時の制作者の意図もわかりませんが、そのへんはみなさんどのように感じられましたか。

S　処刑を受け入れるシーンで、「米の飯を食わせろ」という場面がありましたが、米にこだわるその感性は、日本というものへの愛着を思わせましたし、一方で人肉も含めた赤い肉というものを対比して、白い米を対比させて最後にもってきて、それをもってして死を受け入れなおかつ最後に天皇……と亡くなっていく、そのシーンについて、太田さんはどのようにお考えですか。

太田　率直な思いとしては、「ああ、やっぱり米か」と、あのシーンを見ると思いますよね。あれは、あの当時の軍人の精神というか、それをリアルに表現するとすればああなっちゃうのかな。

S　それはやはり、一定日本的なメンタリティを受け入れているということなんでしょうか。

太田　最後の言葉というのは最後まで伏せられていますが、「天皇陛下万歳！」ではなかったようだ。だから客観的にあの当時の兵士の心情を描くとああなった、ということではないか。それで「天皇陛下」というところには、いろいろ含みを持たせた。観客が自由に受け止めてという描き方になったんですね。

Q　あの映画からすると、死刑というのは、ある秩序を守るためには、人を殺してもいいという論理だと思います。殺された方は、そうではなくて、人間を大事にする。一番古いところで言うと、大逆事件などがそうで。それはあのような小隊であっても、秩序を守るためには上のものの言うことは聞かないといけないと。それに反対するものは死刑であると。

Q　「休暇」でもそうでしたが、刑務官が刑を執行するときにとてつもなく死の直前に受刑者に優しく、今日の映画でも憲兵が米が食べたいというわがままを受け入れるのを見て、逆に私はショックで、死刑や処刑は係わっている人間は、やはり命を取ってはいけないんだと、最後の所で思うんじゃないかと。だからそういうことを考えない人間が一番死刑に対して残酷なんじゃないかと思いました。

太田　死刑の映画として描かれている問題とすれば、戦争中の軍隊内規律、彼らの規律に基づいた論理からすれば当然であったと、仮に認めたとして、それが戦争が終わって平和時の厚生省の事務的な事業の中で、戦時中の軍事法廷の記録を元にした区別が残り続けるというのが、法律的には当たり前のことなんだね。そこがちょっと驚きますね。現実にはそうなんだろうけど。全く状況が変わって、どんな死に方をしても時代が変わったんだから、もし援護法ということを考えるとすれば、援護するというのが社会保障的な基準からすれば当然のことなのに、それを戦争中の軍隊内の基準に基づいて戦後もそれを踏襲して法律が一人歩きするというからくりですよね。

あと、戦争と死刑ということで言うと、確かに僕も国家というのは、戦争による兵士扇動罪というか殺人教唆罪というか、実行扇動罪というかそういうものを、多くの国家が当たり前のように行使して、今もアメリカ軍やNATO軍はそれを平然とやっているわけですね。一方で看守を通して国家の死刑、人に死を強いる二つの秘密の権力を持っている。これを解体しなければならないとずっと考えています。しかし、この一九七〇年代以降、特に一九八〇年以降と言っていいと思いますが、死刑は廃止国がとてつもないスピードで増えて、地球上の国家の内三分の二では制度として死刑を廃止したり、韓国のように一〇年以上実施はしていないということで、アムネスティの解釈では実質的な死刑廃止国と合わせ一四〇カ国になったわけです。その中には死刑制度を廃止していることを基準として持っているEU欧州連合も入っているわけですね。

しかし、今言ったように、欧州連合の中にはこの間のイラク、アフガニスタンの戦争には参加している国が、イギリス、フランス、ドイツ含めてあるし、それらの国は、しかし人道的な配慮と相容れないということで、死刑制度は廃止している。ここまで踏み出す国家というのは、死刑制度によって他者に死を強いる、国家の名において死を強いる、その強いるにあたって、管理し、様々な役職として官吏を何十人も動員する。そこをやめることのできた国家も、戦争だけは、なかなかやめることができない。一体なんで国家はそこまで思い上がれるんだ、というか、国家というのは、その時々の政府であったり色々その場に応じて言い方は変わりますが、これを僕らが戦争をなくすために解いていかなければならない謎だと思うんですね。

日本は何とか戦後七〇年、いろんな逆流もあったけれど、かろうじて、海外で兵士や民衆を殺すことはなかった。つまり自衛隊がそれほど全面的に戦場に出て、戦争行為に荷担することはなかった。それは自民党をさえ制約した九条の力が大きかった。あるいは法制局長官の憲法解釈の束縛のもとに自民党政権が置かれていたので、何とか突出しようとした自民党首脳もそれに押さえられてきた。しかし今、その制約が全て取られて、ますます前のめりに、敢えてこの間の2プラス2の日米合意試案を見ても、もう、どこにでも行ける。アメリカが戦争をしている場所にどこにだって日本軍は行けるという体制を作ろうとしているんです。法務官僚には死刑をやめる気はさらさらない。だから、人に死を強いる二つの形を今になって日本国家は手に入れようとしている。そういうことだと思うんですね。だから、まだまだこれを阻止することをやめることはないし、あきらめないで、様々なことをやり遂げたいと思いますが、みなさんも感じておられるように、先程、ヘイトスピーチに触れた方もおられるように、社会的な雰囲気がけっこう安倍を支えているというような、今まであり得なかったような社会情勢になってしまっている。それは韓国や北朝鮮や中国に対する民衆レベルでの悪感情、反発感情に支えられているところもあるんで、本当に今こそが大事だというか、ここで屈するわけにはいかないという、そういう時代を迎えている。戦争と死刑という問題から、そういう日本の現状を結び合わせたときに、どういうふうに考えて行動しなければならないかという問題も、おそらく論議の範囲内に入ってくるだろうと思うんですね。

中村　最後にまとめていただきました。ちょうど時間になったようなので、他に質問がなければこれで終わりたいと思います。長丁場で太田さん、みなさん、ありがとうございました。

第２回死刑映画週間（京都シネマ）2014 年 10 月 11 日～ 17 日

「休暇」門井肇、2007、リトルバード

「軍旗はためく下に」深作欣二、1972、東宝

「執行者」チェ・ジンホ、2009、韓国、Motion Pictures

「再生の朝に」リウ・ジエ、2009、中国、

「A」森達也、1998、

第１回死刑映画週間（京都シネマ）2012 年４月７日～ 13 日

「死刑弁護人」斉藤潤一、2012、東海テレビ

「サルバドールの朝」マヌエル・ウエルガ、2006、スペイン、Mediapro-Future Films

「私たちの幸せな時間」ソン・ヘソン、2006、韓国、2006 Bear entertiment, ltd

「少年死刑囚」吉村廉、1955、日活

あとがき

一回目の「死刑」映画週間は、まえがきにもありますように五三五人の方にご参加いただき、その剰余金で『銀幕のなかの死刑』を出版しました。第二回の「死刑」映画週間は、『銀幕のなかの死刑』の売り上げを基金に開催し、三九二名のご参加を頂きました。今回の映画週間の開催で、剰余金はなくなってしまったのですが、映画終了後のトークを記録に残したい、「死刑」映画週間にお越しいただけなかった方のもとにもお届けしたいとの思いから、この本を作ることにしました。いかがでしたでしょうか。

わたしたち「京都にんじんの会」は、「死刑」について議論したり考えたりする契機になればと考え、「死刑」映画週間を企画しました。世界では死刑を廃止したり、死刑執行を停止している国のほうが多くなっています。でもこの国では、刑罰はどんどん重くなり、犯罪者を処罰することにのみ人々の関心は高く、「なぜ犯罪が起きてしまったのか」「どうすれば犯罪に至らなかったのか」を社会構造の問題として考える人々はほんの一握りです。死刑という刑罰には、犯罪抑制力はないと言われています。また、人は変わりうるという「更生可能性」を認めない死刑という刑罰は、報復的な刑罰でしかないのではないでしょうか。加害者を死刑にすることだけが、被害者や被害者家族に対する慰藉だとすれば、この社会は被害者へのケアをも放置していることにならないでしょうか。

袴田巖さんは再審が認められ、勾留が停止され釈放されたにもかかわらず、検察官の即時抗告でまだ再審開始に至っていません。

名張毒ぶどう酒事件の奥西勝さんは、再審が認められないまま、二〇一五年一〇月四日、八九歳で亡くなりました。一〇月一九日、名古屋高裁は奥西さんの死亡により第九次再審審理を打ち切りましたが、妹さんが第十次再審を請求されました。

また、無実を一貫して訴えながら死刑が執行された飯塚事件の久間三千年さん。足利事件の菅家さんと同じ鑑定人による同じ鑑定方法でDNAが同一とされました。そして、菅家さんのDNA鑑定が否定されることがほぼ確実となった時期に、死刑が執行されたのです。ご家族により死後再審請求が起こされましたが、福岡地裁は請求を認めず、福岡高裁に即時抗告が出されています。

わたしには、わたしたちの生きているこの社会がどんどん劣化しているように感じられてなりません。あるいは、本性が露呈してきただけなのでしょうか。いまや人殺しを正当化する戦争法まで成立してしまいました。

殺すことも、殺されることも、殺させることもしないですむ社会に生きたいと思います。「死刑」ではない刑罰のありようを考え続け、「死刑」を解決策とする刑事政策に異議申し立てをしていくためにも、第三回「死刑」映画週間が開催できればと願っています。

※今回の上映作品である「軍旗はためく下に」は、フィルムでの上映だったため映写機のある一番小さい会場になってしまい、立ち見で鑑賞いただいたり、あるいは入場をお断りせざるをえない状態になってしまいました。本当に申し訳ありませんでした。

「軍旗はためく下に」のDVDは英語版を逆輸入するしかなかったのですが、現在「東宝・新東宝戦争映画DVDコレクション全国版（43）二〇一五年　9／29号」として発売されています。

京都にんじんの会
2008年11月に京都で死刑廃止全国交流合宿を開催する際に集ったメンバーで結成。これまで、講演会、映画会、二度の全国合宿主催、法相への要請行動など、「死刑廃止のための宗教者ネットワーク」や「京都から死刑をなくす弁護士の会」など地元の運動体と連携しながら、京都で活動を続けている。
編著書
『銀幕のなかの死刑』2013年、インパクト出版会

死刑映画・乱反射

2016年5月16日発行
編　集　京都にんじんの会
（編集委員＝栄井香代子・大道寺ちはる・津久井淑子・永井美由紀・中村一成）
発行人　深　田　卓
装　幀　宗利淳一
発　行　インパクト出版会
113-0033　東京都文京区本郷2-5-11　服部ビル
TEL03-3818-7576 FAX03-3818-8676
E-mail:impact@jca.apc.org
http://www.jca.apc.org/˜impact/
郵便振替 00110-9-83148
印　刷　モリモト印刷